Herramientas colaborativas *Office 365.* ADGG21

Marta González Villarejo

Herramientas colaborativas *Office 365.* **ADGG21**
© Marta González Villarejo
© De la imagen de cubiertas: Ascannio/Shutterstock.com

1ª Edición

© IC Editorial, 2025

Editado por: IC Editorial
c/ Cueva de Viera, 2, Local 3
Centro Negocios CADI
29200 Antequera (Málaga)
Teléfono: 952 70 60 04
Fax: 952 84 55 03
Correo electrónico: iceditorial@iceditorial.com
Internet: www.iceditorial.com

ISBN: 979-13-7027-099-5
Depósito Legal: MA-1999-2025

Impresión: PODiPrint
Impreso en Andalucía - España

Nota de la editorial: IC Editorial pertenece a Innovación y Cualificación S. L.

Especialidad formativa

Se entiende por especialidad formativa la agrupación de contenidos, competencias profesionales y especificaciones técnicas que responde a un conjunto de actividades de trabajo enmarcadas en una fase del proceso de producción y con funciones afines.

Las especialidades formativas de Uso General, Formación Complementaria, Formación Modular y las especialidades formativas dirigidas a la obtención de certificados de profesionalidad se incluyen en el Fichero de Especialidades del Servicio Público de Empleo Estatal para su gestión en todo el territorio nacional por cualquier Administración competente.

Las especialidades complementarias, pertenecen todas a la Familia profesional de Formación Complementaria (FCO) y tienen la consideración de formación transversal en áreas que se consideran prioritarias tanto en el marco de la Estrategia Europea para el Empleo y del Sistema Nacional de Empleo como en las directrices establecidas por la Unión Europea. Se consideran áreas prioritarias las relativas a tecnologías de la información y la comunicación, la prevención de riesgos laborales, la sensibilización en medio ambiente, la promoción de la igualdad, la orientación profesional y aquellas otras que se establezcan por la Administración competente.

Las especialidades de Certificado de profesionalidad tienen una duración especificada en su normativa reguladora.

En el resultado de la búsqueda, se muestran las unidades de competencia, todos los módulos formativos con su duración y las unidades formativas del certificado correspondiente, con su duración. Las horas del certificado, exclusivo de las especialidades de certificado de profesionalidad, con alta igual o superior a 2008, son las horas totales más las horas del módulo de Prácticas Profesionales no Laborales.

⮑ **Si la especialidad tiene unidades formativas,** las horas totales, presencial, distancia, teleformación serán igual a la suma de esas horas de las unidades formativas de los distintos módulos, sin que se repita ninguna Unidad formativa.

➲ **Si la especialidad no tiene unidades formativas,** las horas totales, presencial, distancia, teleformación serán igual a las sumas de esas horas de los módulos formativos, eliminando las horas de los módulos repetidos.

https://sede.sepe.gob.es/especialidadesformativas/RXBuscadorEFRED/BusquedaEspecialidades.do

(Fuente: Servicio Público de Empleo Estatal)

Índice

Unidad de aprendizaje 6
Viva Engage

Unidad de aprendizaje 7
Mejores prácticas con *Outlook*

Glosario

Bibliografía

OBJETIVOS GENERALES

Los objetivos generales **ADGG21. Herramientas colaborativas *Office 365*,** son los siguientes:

- ⊃ Proporcionar los conocimientos y habilidades para trabajar con las herramientas que ofrece *Microsoft Office 365*.
- ⊃ Saber la diferencia entre *Office* y *Microsoft 365*.
- ⊃ Conocer las ventajas de *Microsoft 365*.
- ⊃ Iniciar sesión en *Microsoft 365* y descargar aplicaciones.
- ⊃ Descubrir las herramientas de *Microsoft 365*.
- ⊃ Almacenar, compartir y gestionar archivos y documentos en la nube.
- ⊃ Conocer y sacar partido de forma eficiente al organizador de notas *OneNote*.
- ⊃ Utilizar la aplicación *SharePoint* para colaborar y gestionar la documentación de forma eficiente en la empresa.
- ⊃ Conocer la aplicación para poder comunicarse y utilizar herramientas de trabajo colaborativo con equipos de trabajo u organizaciones de forma eficaz.
- ⊃ Conocer la herramienta que permite la comunicación interna y la colaboración entre los trabajadores.
- ⊃ Capacitar al usuario de *Outlook* para ser más eficaz y productivo en el uso de la herramienta.

Conocimiento y manejo de las herramientas *Office 365*

Contenido

Objetivos

El objetivo general de esta Unidad de Aprendizaje es:

→ Saber la diferencia entre *Office* y *Microsoft 365*.

→ Conocer las ventajas de *Microsoft 365*.

→ Iniciar sesión en *Microsoft 365* y descargar aplicaciones.

→ Descubrir las herramientas de *Microsoft 365*.

Los objetivos específicos de esta Unidad de Aprendizaje son:

→ Saber cómo acceder a las aplicaciones de escritorio y a las aplicaciones en línea.

→ Conocer las posibilidades de trabajo en línea y la sincronización de archivos entre dispositivos y usuarios.

→ Entender el funcionamiento de *Microsoft 365* y la integración de las distintas herramientas.

→ Saber qué puede aportar *Microsoft 365* a la gestión documental.

→ Conocer las herramientas que favorecen la comunicación interna en la empresa.

→ Abrir aplicaciones en línea.

→ Abrir un documento de *Word* en línea creado previamente en la aplicación de escritorio.

1. Introducción

Es muy probable que conozcas los programas englobados en la *suite Office;* seguramente, los has utilizado en mayor o menor medida y, además, tienes la sensación de que siempre han estado ahí.

Office está formado por aplicaciones que nos han acompañado durante décadas y que están encaminadas a desarrollar tareas ofimáticas. Son aplicaciones que permiten automatizar y hacer más productivas determinadas tareas que repetimos, bien en un ámbito laboral, bien formativo o, incluso, doméstico. Es probable que hayas escrito y editado texto en *Word,* llevado cuentas o inventarios en *Excel* o creado presentaciones en *PowerPoint.*

Claramente, *Office* es un pilar fundamental de la ofimática tal y como la conocemos, que se ha ido adaptando a los nuevos tiempos, a los nuevos usuarios y a sus necesidades, y a la forma en la que ahora estos se relacionan con otros usuarios o con internet. Dentro de este proceso de actualización, hemos llegado a la versión *Office 365,* que aporta como diferencia esencial frente a las anteriores versiones el acceso a servicios en la nube, el trabajo colaborativo y la posibilidad de tener siempre la versión más actualizada de los programas. Todo esto responde a las nuevas necesidades de los puestos de trabajo, que pueden ser presenciales o no, pueden requerir reuniones en línea, necesitan espacio para almacenamiento de documentos y datos, etc.

Este es el caso de Almudena, que ha empezado a trabajar en una agencia de viajes y necesita saber un poco más sobre esta nueva versión de *Office,* tanto sobre su uso como sobre sus posibilidades, ya que en su empresa se realizan todas las tareas con estas herramientas.

2. *Office*

 HILO CONDUCTOR

Almudena, desde que empezó a utilizar un ordenador, ha usado *Word, Excel* y *PowerPoint,* e incluso ha cambiado a alguna versión más moderna, dependiendo de la licencia que tuviesen en su puesto de trabajo. A veces, se ha fijado en algún cambio en los iconos del programa o ha descubierto alguna funcionalidad nueva, pero, al no hacer un uso en profundidad, tampoco ha sido capaz

Continúa en página siguiente >>

<< Viene de página anterior

de percibir las mejoras de las distintas versiones en su totalidad. Le parece interesante conocer la evolución de estos programas y descubrir las mejoras que se han ido aportando.

Microsoft Office fue lanzado en 1989 para *Macintosh* y, posteriormente, en 1990 para *Windows.* Este conjunto de aplicaciones o *suite* ofimática contenía en su primera versión *Microsoft Office, Microsoft Excel* y *Microsoft PowerPoint.*

Como ya sabrás, esta *suite* ofimática ha ido evolucionando. Quizás te suenen versiones como *Office 2007, Office 2008, Office 2010* o incluso las más recientes *Office 2019* u *Office 2021.* Estas nuevas versiones ampliaban características y mejoraban funcionalidades. Pero, en 2023, la marca *Office* dejó de existir, pasó a llamarse *Microsoft 365* y sufrió un giro importante: se trataba de una versión en línea.

 **DEFINICIÓN**

Suite
Conjunto o paquete de programas. Más concretamente, una *suite* ofimática es un conjunto de programas informáticos que permiten crear, modificar, organizar, enviar, recibir, almacenar, escanear e imprimir diferentes tipos de documentos y archivos. También se conoce como paquete de oficina. Sin duda, *Office* ha sido el principal referente en este campo.

Además de poder conectarse a internet y a otras aplicaciones y permitir el uso compartido y colaborativo entre distintos usuarios, propone un nuevo sistema de pago. Se abandona el esquema de pago único por licencia (con precios más elevados) y se pasa al sistema de pagos por suscripción, en el que se pagan cantidades más pequeñas y siempre relacionadas con el tiempo de suscripción o con el número de usuarios.

3. *Microsoft Office 365*

 HILO CONDUCTOR

Almudena se plantea si el *Office* que conoce es el mismo que hay detrás de *Office 365* y si lo que se llama *Microsoft 365* tiene algo que ver con esta actualización. Le gustaría hablar con propiedad sobre las distintas aplicaciones y las mejoras que han supuesto.

Este nuevo *Microsoft Office* combina las soluciones ofimáticas de siempre (obviamente, en sus últimas versiones) con servicios *online* (servicios alojados en la nube).

DEFINICIÓN

Nube
Viene de *cloud* en inglés, y define un espacio en el que almacenar datos, ejecutar aplicaciones y encontrar servicios virtuales. Son servidores remotos que se encuentran físicamente distantes a nosotros y cuyo espacio podemos alquilar si lo necesitamos.

La nube

Se transforma en una plataforma de productividad, de comunicación y de colaboración que, además, está alojada en la nube, lo cual permite trabajar en ella en cualquier momento y desde cualquier lugar.

 SABÍAS QUE...

Microsoft Office pasó a llamarse *Microsoft Office 365* para, finalmente, llamarse únicamente *Microsoft 365* en un proceso por desvincularse de la imagen tradicional de la marca, en la que solo era una *suite* ofimática. Fue un cambio que tuvo lugar entre noviembre de 2022 y enero de 2023.

Existen una serie de diferencias entre *Office* y *Microsoft 365,* no solo en los servicios que ofrecen. Algunas de ellas son:

Office	*Microsoft 365*
- **Pago único:** se compra un producto único que se instala, con una tarifa única, y que se puede utilizar de forma indefinida. - **Se compra una versión concreta:** no suele haber actualizaciones. En todo caso, se podría corregir algún error o hacer alguna mejora en la seguridad. Si quieres una versión posterior, debes comprarla de nuevo. - **Solo almacenamiento local:** los archivos creados con estos programas se guardan en el ordenador o como producto extra que debes adquirir en un almacenamiento en la nube de forma independiente. - **No integra herramientas colaborativas:** no se puede colaborar a tiempo real, a no ser que se utilice un servicio externo de pago para ello.	- **Pago por suscripción mensual o anual:** se paga una tarifa mensual o anual para acceder a los servicios. Siempre se ofrecerán las últimas versiones de cada uno. - **Actualizaciones periódicas incluidas:** el usuario recibe actualizaciones periódicas y mejoras. - **Acceso a espacio de almacenamiento en la nube:** esta suscripción incluye almacenamiento en la nube a través de *OneDrive.* Esto permite el acceso desde distintos dispositivos. - **Herramientas colaborativas en la nube o aplicaciones** *online:* permite esta colaboración, ya que los archivos están almacenados en la nube directamente desde las aplicaciones, sin tener que adquirir un servicio externo.

4. Herramientas de *Microsoft 365*

☞ HILO CONDUCTOR

Almudena ha sido usuaria de nivel básico de *Office* en sus primeras versiones. Ha utilizado sobre todo *Word* y *Excel,* y algo de *PowerPoint.* Ahora que ha dado el salto a *Microsoft 365* quiere saber más sobre las distintas herramientas que integra.

Las herramientas de *Microsoft 365* van encaminadas a la productividad de las tareas y a la colaboración entre los distintos usuarios. Algunas de ellas son:

Word, Excel y PowerPoint	- Son el procesador de textos, la hoja de cálculo y la herramienta para crear presentaciones, que seguramente ya conoces de las versiones anteriores de *Office,* mejoradas porque podrán usarse en línea y de forma colaborativa con otros usuarios en esta suite.
Outlook	- Es la aplicación de correo electrónico que, además, gestionará un calendario y las tareas, aparte de los contactos.
Teams	- Es una plataforma de colaboración en línea con mensajería instantánea, que ofrece la posibilidad de hacer llamadas y videollamadas, así como de compartir espacios de trabajo.
OneDrive	- Es el espacio de almacenamiento en la nube de *Microsoft 365,* que permitirá almacenar y compartir archivos desde cualquier lugar y con cualquier usuario.
SharePoint	- Es una plataforma colaborativa donde compartir contenido y gestionarlo.
OneNote	- Es la aplicación para tomar notas que permite organizar toda la información de manera digital.

ACTIVIDAD COMPLEMENTARIA

1. Analiza cada una de las herramientas que se han comentado, su uso y sus posibles aplicaciones, y piensa cómo podrían utilizarse en tu entorno de trabajo.

5. ¿Cómo me puede ayudar *Microsoft 365* y por qué elegirlo?

☞ HILO CONDUCTOR

Almudena está un poco desbordada tras conocer la cantidad de herramientas que tiene *Microsoft 365.* Es posible que no las use todas y que, por tanto, no deba profundizar en todas ellas, pero al menos debe saber qué puede aportar *365* a su forma de trabajar y a su día a día.

Cada usuario utilizará las herramientas que más se ajusten a lo que necesita, pero es importante conocer aquellas encaminadas a la organización del trabajo en equipo o a alojar documentos en la nube, porque pueden llegarte notificaciones o invitaciones para unirte a trabajos colaborativos. Puedes saber un poco más sobre las mejoras de *Microsoft 365* y sobre cómo te puede ayudar en tu trabajo a continuación:

- ➲ **Aplicaciones de escritorio y aplicaciones web:** no necesitas estar localmente en tu ordenador, puedes estar en cualquier dispositivo y utilizar las versiones *online* y el guardado en la nube.
- ➲ **Estar conectados y comunicados:** *Microsoft 365* se compone de herramientas que permiten la comunicación constante con tus compañeros de trabajo, bien sea por llamadas, videoconferencias, chat o correo electrónico.
- ➲ **Tener las últimas actualizaciones siempre:** *Microsoft 365* te permite estar al tanto y poder usar todas las actualizaciones y novedades que se implementen.

➲ **Soporte técnico y seguridad:** para nuestra tranquilidad, *Microsoft 365* ofrece herramientas de seguridad avanzada para proteger datos personales y también dispositivos.

Además de todas estas ventajas, *Microsoft 365* ofrece una licencia de pago por suscripción, lo cual lo hace más asequible en una primera instancia. También ofrece la opción de elegir entre distintos planes de precios adaptados al número de miembros, por ejemplo.

6. Inicio de sesión en *Microsoft 365*

👉 HILO CONDUCTOR

Almudena está lista para iniciar la sesión de *Microsoft 365* en su ordenador. En su puesto de trabajo, le han facilitado un usuario y una contraseña para acceder y poder empezar a trabajar. En caso de haber adquirido ella una licencia, las habría recibido al realizar el pago de la suscripción.

Para empezar a trabajar, debes iniciar sesión en *Microsoft 365*. Como ya se ha comentado, esta *suite* va más allá de programas instalados de forma local, por lo que es necesario identificarse en la web para poder trabajar en ella.

Introducir datos de acceso

Deberás iniciar sesión la primera vez para descargar las aplicaciones de escritorio, y también cada vez que quieras instalar una nueva que no tengas ya en tu equipo o acceder a las aplicaciones en línea.

NOTA

Para abrir archivos en línea, igualmente tendrás que iniciar sesión, aunque también puedes acceder a tu carpeta de *OneDrive* instalada localmente en el escritorio, que se sincroniza automáticamente con la nube. Esta es otra forma de iniciar una aplicación: simplemente abriendo un archivo.

Iniciar sesión en Microsoft 365

Como en otros programas o sitios web, si decides mantener siempre iniciada la sesión porque se trata de tu equipo personal, privado, que no compartes con otros usuarios, etc., podrás acceder a las aplicaciones fácilmente, sin necesidad de identificarte cada vez. Los pasos básicos del proceso son:

1. **Accede a la web de *Microsoft 365*:** escribe en tu navegador la dirección www.microsoft365.com (o la del antiguo *Office*, que también lleva a la web) y haz clic en **Iniciar sesión** para identificarte.
2. **Completa los datos para identificarte:** necesitarás introducir un correo electrónico, bien el tuyo personal o bien el corporativo con el que se haya registrado el pago y la cuenta de *Microsoft*. Al hacer clic en **Siguiente** tendrás que añadir la contraseña. Es posible que la primera vez que accedas te pida cambiar y confirmar la contraseña por motivos de seguridad.

3. **¿Qué quieres hacer?:** una vez que ya has accedido, estás en la interfaz, donde elegirás qué hacer. Puede que accedas por primera vez y quieras descargar alguna aplicación de escritorio, o puede que estés accediendo posteriormente y quieras acceder a una aplicación o servicio en línea.
4. **Cerrar sesión:** puedes cerrar la sesión al terminar de usarla si no estás en tu propio ordenador, si lo van a utilizar otras personas o si no te sientes seguro en ese momento. Aunque cierres la sesión, podrás seguir usando las aplicaciones de escritorio que tengas instaladas, aunque para algunas funciones o servicios en línea tendrás que volver a conectarte.

 PARA SABER MÁS

Puedes acceder a la página de *Microsoft 365* a través del siguiente enlace.

https://redirectoronline.com/adgg210100

Es posible que, al acceder a tu cuenta de *Microsoft 365,* una vez identificado, llegues a una página de inicio en la que alguien te pregunta si puede ayudarte en algo. Se trata de **Microsoft 365 Copilot.**

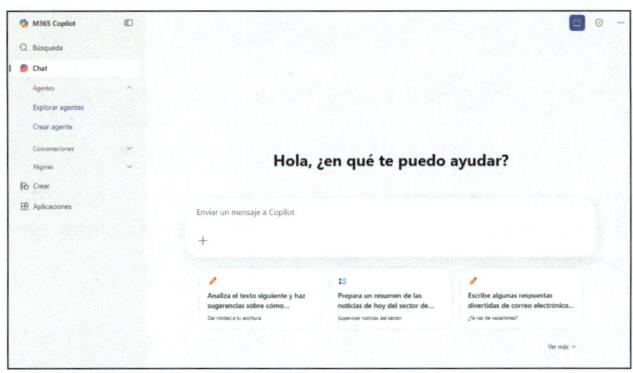

Microsoft 365 Copilot

NOTA

Esta funcionalidad no es más que un asistente de IA que puede ayudarte con tus tareas. Existe una versión gratuita y limitada con las licencias de suscriptores de *Microsoft 365* Personal y Familia, y siempre puedes ir a una versión de pago *Copilot Pro,* que desbloquea funciones avanzadas adicionales.

Si al acceder a *Microsoft 365* se te ha redirigido a *Copilot,* puedes hacer uso de las herramientas (en versión gratuita) que te ofrece, o bien puedes acceder a tus aplicaciones y demás utilidades con normalidad, como veremos más adelante.

PARA SABER MÁS

Puedes saber un poco más sobre *Copilot* en este artículo. Accede desde aquí.

https://redirectoronline.com/adgg210101

APLICACIÓN PRÁCTICA

Almudena quiere empezar a manejarse con las distintas aplicaciones de *Microsoft 365*, pero le gustaría instalar algunas en su ordenador. ¿Es posible?

Continúa en página siguiente >>

<< Viene de página anterior

Solución

Sí, pero solo podrá hacerlo con algunas aplicaciones, como *Word, Excel* o *PowerPoint.*

---

7. Descubrir las herramientas *Microsoft 365*

 **HILO CONDUCTOR**

Almudena debe empezar a utilizar las herramientas de *Microsoft 365*. Sabe que será fácil utilizar las nuevas versiones de herramientas que conoce, pero quiere saber qué otras herramientas puede utilizar y cómo se accede a ellas.

Una vez que inicias sesión, puedes acceder a las herramientas de *Microsoft 365* que tengas disponibles con tu plan de suscripción. Despliega el menú en forma de árbol de la izquierda de tu pantalla y haz clic en **Aplicaciones.**

Aplicaciones de Microsoft 365

Como verás, en la parte central de la pantalla se muestran todas las aplicaciones en línea de las que puedes disfrutar y, en la parte superior derecha del menú, aparece el botón **Instalar aplicaciones.**

7.1. Aplicaciones de escritorio

Puedes descargar e instalar algunas aplicaciones en tu ordenador para trabajar con ellas, como se ha hecho siempre con *Office* de instalación única. Haz clic en Instalar aplicaciones y elige el idioma o la versión adecuada para tu equipo. Puedes comprobar en qué dispositivos lo tienes instalado, ya que puede que con tu licencia puedas tenerlo en distintos dispositivos al mismo tiempo. Finalmente, haz clic en su descarga. Instálalo tal y como lo has hecho siempre, con su archivo ejecutable (de extensión .exe) y siguiendo los pasos.

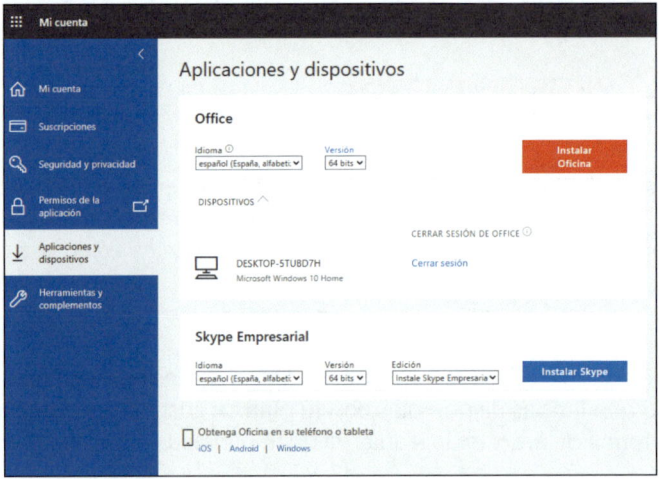

Aplicaciones para instalar en dispositivos

NOTA

Si instalas el programa en tu ordenador, podrás acceder a él de la misma forma que siempre: haciendo doble clic en el icono del programa que tengas en el Escritorio o buscándolo desde la barra de búsqueda de la parte inferior de la pantalla (escribiendo *Word, Excel* o *PowerPoint).*

7.2. Aplicaciones y servicios en línea

Desde la web, haz clic sobre la aplicación que quieres ejecutar y verás que se abre en una nueva ventana, en la que podrás trabajar.

IMPORTANTE

En todos estos casos, estarás trabajando en línea y los documentos que crees o edites se guardarán en la nube directamente.

Puedes hacer clic en **Todas las aplicaciones** para ver el listado completo, o bien aplicar el filtro por categoría que aparece más abajo. *Microsoft 365* agrupa las aplicaciones por categorías o funcionalidades; algunas de ellas pueden aparecer en varias categorías:

➲ **Productividad:** son aquellas aplicaciones y servicios que mejoran la eficiencia y la colaboración en el trabajo.

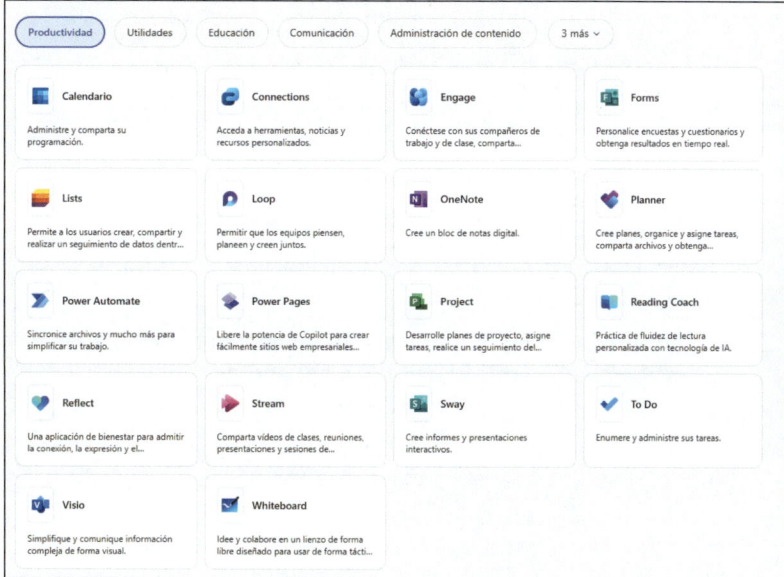

➲ **Utilidades:** son aquellas aplicaciones que permiten hacer el trabajo más eficiente en determinadas tareas, como páginas web, organización de ideas, gráficos, etc.

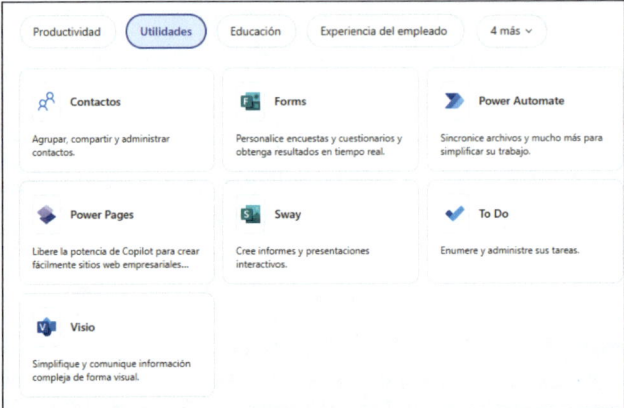

➲ **Educación:** son herramientas que pueden aplicarse en un contexto formativo y de aprendizaje.

➲ **Comunicación:** son aquellas herramientas encaminadas a mejorar la comunicación entre usuarios y compañeros.

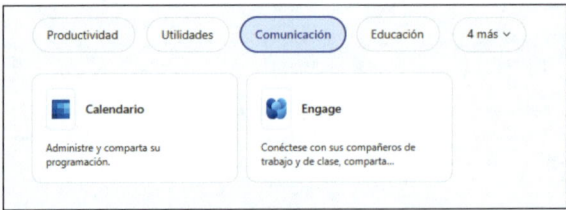

Administración de contenido: son aplicaciones que permiten gestionar de forma más sencilla y centralizada el contenido.

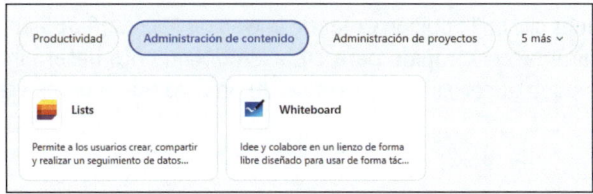

Administración de proyectos: se trata de herramientas que ayudan a planificar, ejecutar y controlar los proyectos de forma eficiente.

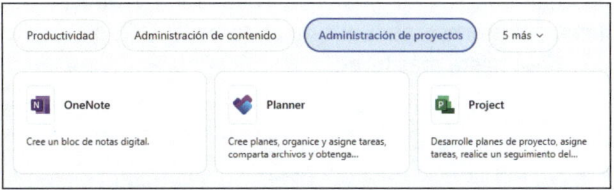

Herramientas del desarrollador: son herramientas pensadas para creadores de webs y *apps*.

Experiencia del empleado: son aquellas aplicaciones que permiten al usuario interactuar de forma sencilla y eficiente.

SABÍAS QUE...

Si haces clic en la opción Crear de la web de *Microsoft 365,* una vez identificado, irás a un acceso rápido para crear un documento determinado. Simplemente tienes que hacer clic sobre el tipo de archivo que quieres crear.

- -

TAREA 1

Almudena quiere crear un documento de *Excel* en línea, para poder utilizarlo compartido con sus compañeros. ¿Cuál sería el proceso? Comenta también cuál sería el proceso para abrirlo en la aplicación de escritorio, aunque no lo compartiese hasta más tarde.

- -

8. Integración de herramientas *Microsoft 365*

 ## HILO CONDUCTOR

Almudena ha probado algunas de las herramientas de *Microsoft 365* y ha oído hablar de que pueden integrase entre ellas para conseguir aún más productividad.

- -

La integración es la conexión de diferentes aplicaciones de la *suite* y permite mejorar aún más la productividad y la colaboración entre los usuarios.

Sincronización entre dispositivos

8.1. Integración entre herramientas de *Microsoft 365*

La integración de las distintas herramientas que tiene *Microsoft 365* hace que los procesos sean más sencillos, permite tener la información más centralizada y hace el trabajo más productivo y eficiente. Algunas herramientas que se integran para realizar determinadas acciones son:

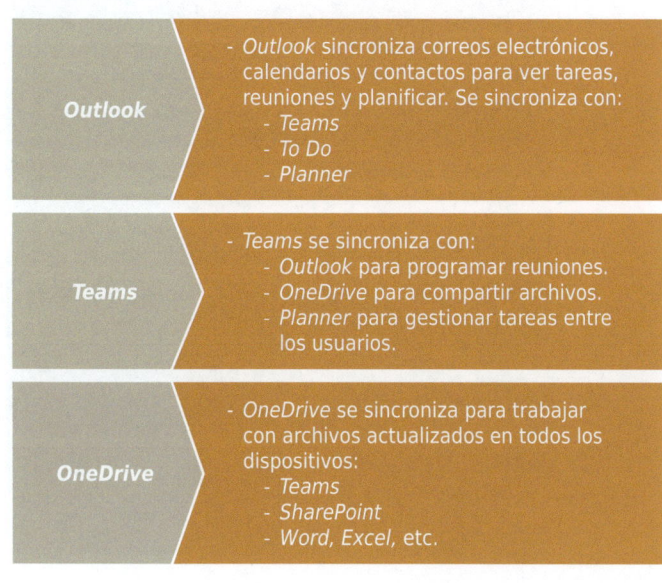

Outlook
- *Outlook* sincroniza correos electrónicos, calendarios y contactos para ver tareas, reuniones y planificar. Se sincroniza con:
  - *Teams*
  - *To Do*
  - *Planner*

Teams
- *Teams* se sincroniza con:
  - *Outlook* para programar reuniones.
  - *OneDrive* para compartir archivos.
  - *Planner* para gestionar tareas entre los usuarios.

OneDrive
- *OneDrive* se sincroniza para trabajar con archivos actualizados en todos los dispositivos:
  - *Teams*
  - *SharePoint*
  - *Word, Excel,* etc.

Continúa en página siguiente >>

<< Viene de página anterior

Planner	- *Planner* permite crear y asignar tareas dentro de los canales de *Teams*.

To Do	- *To Do* permite gestionar tareas desde distintas aplicaciones, como:
	  - *Outlook*
	  - *Teams*

8.2. Integración con *Copilot*

Ya hemos hablado anteriormente de *Copilot,* el asistente de inteligencia artificial desarrollado por *Microsoft 365.* Esta herramienta se integra con otras herramientas para realizar las tareas de forma más eficiente e, incluso, automatizarlas. Se integra con algunas herramientas de la siguiente manera:

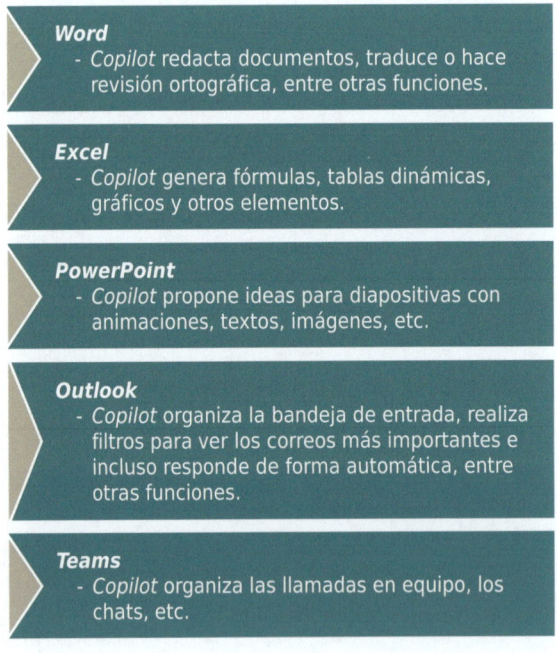

Word
- *Copilot* redacta documentos, traduce o hace revisión ortográfica, entre otras funciones.

Excel
- *Copilot* genera fórmulas, tablas dinámicas, gráficos y otros elementos.

PowerPoint
- *Copilot* propone ideas para diapositivas con animaciones, textos, imágenes, etc.

Outlook
- *Copilot* organiza la bandeja de entrada, realiza filtros para ver los correos más importantes e incluso responde de forma automática, entre otras funciones.

Teams
- *Copilot* organiza las llamadas en equipo, los chats, etc.

RECUERDA

La experiencia completa de *Copilot* (con capacidades avanzadas) no se incluye en las suscripciones básicas, solo en las de empresa o negocios, y puede no estar activada. Asegúrate de no comprar por error ningún servicio extra que no quieras adquirir.

8.3. Integración con herramientas externas a *Microsoft 365*

Microsoft 365 también se puede integrar con aplicaciones externas que no pertenecen a *Microsoft* para ampliar algunas funcionalidades.

EJEMPLO

Algunos ejemplos de aplicaciones pueden ser *DocuSign* o *DocSend*, que se integran con *Microsoft 365* y, en concreto, con *Outlook* para firmar documentos electrónicamente *(DocuSign)* y para controlar los correos enviados y el acceso a los documentos *(DocSend)*. En el abanico de aplicaciones para trabajar y gestionar equipos y proyectos también existe integración por parte de *Microsoft* con *Trello*, *Slack* o *Asana* para crear y asignar tareas, organizar el trabajo en tableros de forma visual o comunicarse de forma sencilla entre trabajadores.

Claramente, la conexión entre estas herramientas pasa por *Outlook* y las aplicaciones de *Office* para automatizar tareas, compartir contactos, compartir paneles de organización de trabajo, comentar proyectos, etc.

---

9. *Microsoft 365* funciona allí donde estés

☞ **HILO CONDUCTOR**

Almudena está especialmente interesada en la ventaja que ofrece *Microsoft 365* de utilizar las aplicaciones estés donde estés. Por motivos personales a veces trabaja desde casa, y por motivos laborales a veces debe desplazarse a ver a clientes y no está en su mesa de la oficina. Quiere saber más sobre esta funcionalidad.

Como ya se comentó en la lista de ventajas de *Microsoft 365,* una de las más importantes es la posibilidad de acceder a archivos y aplicaciones desde distintos dispositivos y desde distintas ubicaciones, simplemente teniendo conexión a internet, y que siempre estén todos actualizados. Esto ocurre gracias a la **sincronización.**

Accede a tus archivos y aplicaciones desde cualquier dispositivo y lugar, siempre actualizados gracias a la sincronización de Microsoft 365.

Esto también ocurre cuando trabajas desde las aplicaciones instaladas en tu ordenador sin conexión y las aplicaciones en línea. Cuando tengas conexión a internet, estas se sincronizarán y podrás acceder a la versión más actualizada. Los pasos a seguir para sincronizar son:

1. **Abrir la aplicación de escritorio.** Puedes hacerlo desde su icono o buscándolo en la barra de *Google*.
2. **Crear documento.** Crea un nuevo documento en blanco y empieza a trabajar en él.
3. **Guardar documento.** Puedes guardarlo de forma local en tu ordenador, pero, para poder sincronizarlo, deberás guardarlo en la nube, en

OneDrive. Puedes hacerlo de dos formas: activando la casilla a tal efecto en la parte superior de la ventana del programa, **Autoguardado,** y guardará en la nube; o puedes **Guardar como** y buscar la carpeta de *One-Drive* de tu ordenador (en caso de que tengas la aplicación de escritorio). Una vez lo subas, se sincronizará.

Una tercera opción sería subirlo directamente desde el botón **Cargar,** que se describirá más adelante.

4. **Abrir la aplicación en línea.** Accede a la web www.microsoft365.com y despliega las aplicaciones. Haz clic sobre *OneDrive,* que es el espacio de almacenamiento donde se guardan tus archivos en la nube con la suscripción de *Microsoft 365*.

5. **Abrir y editar el documento *online*.** Haz clic sobre el documento y verás que se abre en una ventana de tu navegador. Realiza cambios o añade algo más de información. Los cambios se guardarán de forma automática en la aplicación en línea.

6. **Ver cambios en el documento de escritorio.** Vuelve al documento inicial que creaste y observa cómo esos cambios que has realizado ya aparecen en tu documento.

Debes saber que para poder acceder a un documento en línea, este debe estar alojado en la nube. *OneDrive* es el espacio de almacenamiento de *Microsoft 365*. Más adelante, conocerás su funcionamiento en profundidad.

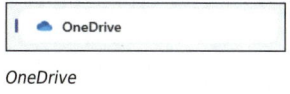

OneDrive

IMPORTANTE

Para que un documento se almacene en este espacio, puedes hacerlo directamente activando la casilla de Autoguardado de la barra superior de la pantalla. Inmediatamente, saldrá una ventana que te pedirá elegir el sitio de tu espacio en la nube donde almacenarlo.

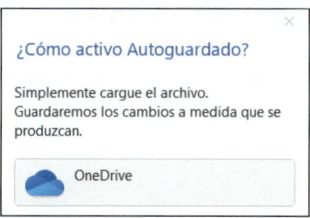

NOTA

La sincronización permite trabajar de forma más efectiva y, además, permite no tener que duplicar datos, ya que, al tenerlos en una aplicación, estos se compartirán de forma automática con las aplicaciones que también los necesiten.

TAREA 2

Almudena ha estado trabajando en un documento de *Word* en su ordenador sin conexión a internet, creándolo desde cero con la aplicación de escritorio. Ahora querría tener este documento en la nube, para poder abrirlo y editarlo. ¿Cómo realizaría este proceso?

---

10. Soluciones para la gestión documental

 HILO CONDUCTOR

Almudena ha observado la cantidad de información y documentación que se maneja en su puesto de trabajo. Y eso multiplicado por otros trabajadores que desempeñan sus mismas funciones. Le preocupa la manera de controlar todo este flujo de documentación y quiere saber cómo hacerlo a través de aplicaciones *365*.

Entendemos la gestión documental como aquellas prácticas y servicios encaminados a gestionar de manera eficiente los documentos de una empresa: establecer procedimientos, controlar su recepción, clasificar, ordenar, garantizar su seguridad, etc.

Archivo de documentos tradicional

Claramente, una buena gestión documental tiene más ventajas que inconvenientes. Algunas de ellas son:

- **Eficiencia:** todos los usuarios pueden acceder de forma sencilla a los documentos, a sus últimas versiones, sin duplicar datos y con la posibilidad de generar copias de seguridad, etc. Esto hace que los procesos sean más ágiles y eficientes.
- **Reduce costes:** gran parte de la gestión documental será digital, con lo que disminuyen los costes asociados al papel y al almacenamiento físico.
- **Cumple normativas:** se sobreentiende que un sistema de gestión documental implementado cumple las normativas en vigor de cara a la protección de datos, los tiempos de conservación de documentos, etc.
- **Mejora la seguridad:** estos sistemas permiten un mayor control de acceso a documentos, se puede decidir quién puede acceder a qué documentos, se cumple con las restricciones de seguridad, etc.
- **Es sostenible:** asociado a lo comentado anteriormente, una disminución del uso de papel, tintas, incluso desplazamientos, gastos de luz, etc. es una forma de trabajo más sostenible y comprometida con el medioambiente y con los recursos.

Además de cumplir con las ventajas explicadas anteriormente, de forma general, las herramientas de *Microsoft 365* cumplen con determinadas funcionalidades encaminadas a esta gestión documental eficiente:

- *OneDrive:* espacio de almacenamiento en la nube. Su utilización posibilita:

  - **Espacio seguro en la nube:** al tener los documentos almacenados en la nube, están a salvo de problemas de borrados, eliminación por error, etc., además de que solo podrán acceder a ellos los usuarios autorizados.

○ **Sincronización:** a través de esta nube, se podrán sincronizar todos los documentos, incluso los trabajados de forma local, de manera que no se duplicarán ni se crearán versiones desactualizadas.

○ **Accesible desde cualquier dispositivo:** estos documentos se pueden consultar (y editar) desde cualquier dispositivo, lo que permite evitar copias innecesarias que queden desactualizadas, por ejemplo, o incluso impresiones innecesarias.

⊃ **Herramientas *Office* en línea:** son las herramientas de *Office* tradicional utilizadas en línea con conexión a internet. Su uso hace posible:

○ **Edición simultánea:** estas herramientas en línea permitirán trabajar de forma conjunta a varios usuarios sobre el mismo documento, lo cual permite un flujo de trabajo muy eficiente.

○ **Últimas versiones:** esto permite ver las últimas versiones de los documentos, así como una trazabilidad de los usuarios que han participado o versiones anteriores.

⊃ ***SharePoint*:** es una plataforma colaborativa para compartir archivos digitales. Con ella se pueden realizar las siguientes acciones:

○ **Acceso, revisión y aprobación:** permite realizar todas estas acciones en los documentos compartidos, de forma que todo el mundo puede acceder a las últimas versiones, se pueden dejar comentarios y *feedback* y se puede controlar su gestión.

○ **Automatización de tareas:** hay una serie de tareas que se pueden automatizar, como el archivado de archivos adjuntos en los correos de *Outlook* o los procesos de aprobación.

 ## SABÍAS QUE...

Se habla del ciclo de vida de un documento como toda su vida útil desde su creación hasta su final, archivado o eliminado. Pasa por algunas etapas intermedias, como la colaboración, almacenaje, acceso, aprobación, etc. Se estima que el 20 % de los documentos se archivan incorrectamente y se pierden para siempre.

Más adelante, se hablará de *SharePoint* en profundidad y se verá de qué manera ayuda con la gestión documental y cómo hace su aportación al ciclo de vida de los documentos.

11. Soluciones para la comunicación

☞ **HILO CONDUCTOR**

En los primeros días tras su incorporación, Almudena ha observado que varios compañeros se han puesto en contacto con ella por diferentes medios. Todavía no sabe muy bien cuántas opciones de comunicación interna tiene y si algunos de los medios son más adecuados para determinadas funciones.

Una buena comunicación en la empresa tiene un papel fundamental en su desarrollo y crecimiento. Más allá de la comunicación con los clientes, es muy importante tener una **buena comunicación interna** entre los propios trabajadores.

La comunicación interna efectiva fortalece a la empresa y contribuye a su crecimiento.

 **DEFINICIÓN**

Comunicación interna
Consiste en transmitir y recibir información, establecer diálogos que vayan encaminados a la participación en los procesos y obtener resultados beneficiosos gracias a este intercambio.

La comunicación interna mejora el ambiente de trabajo entre compañeros, fomenta el trabajo en equipo y la gestión del talento y crea identidad corporativa.

Entre sus herramientas, *Microsoft 365* cuenta con algunas que fomentan la comunicación en tiempo real, el intercambio de información o las reuniones virtuales, y hacen que los procesos sean más productivos. Más adelante se hablará de las herramientas dedicadas a la comunicación interna.

12. Filosofía *Learning by doing*

 HILO CONDUCTOR

Almudena tiene bastantes dudas, no directamente relacionadas con el tema laboral, sino también con respecto a *Microsoft 365,* su funcionamiento y sobre cómo usarlo de forma eficaz. Investigando ha visto que existe una plataforma de *Microsoft* donde puede consultar algunos recursos de ayuda para poder resolver algunas dudas.

- -

Microsoft cuenta con una plataforma gratuita de aprendizaje a la que se puede acceder de forma *online.* En ella pueden encontrarse bastantes recursos, desde documentación técnica hasta vídeos, para saber cómo utilizar las herramientas de *Microsoft* o incluso para obtener certificaciones.

 DEFINICIÓN

Learning by doing
Esta plataforma se basa en la metodología de aprendizaje *Learning by doing,* traducido como "aprender haciendo", y consiste principalmente en la experiencia práctica del estudiante. Es una práctica activa y sostiene que el aprendizaje es más efectivo cuando se combina lo teórico con la experimentación o incluso el error.

- -

Accede a la página web de la plataforma desde **learn.microsoft.com** o escribiendo *Microsoft Learn* en tu buscador y despliega **Descubra** en la parte superior para ver a qué tipo de contenido puedes acceder: documentación, cursos, preguntas y respuestas, etc.

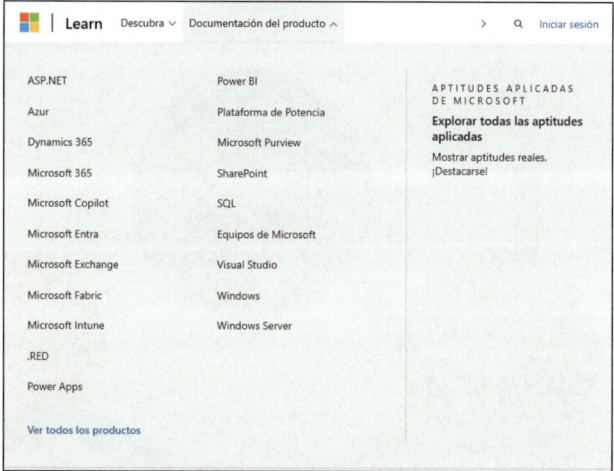

Microsoft Learn

13. Resumen

El cambio de *Office* a *Microsoft 365* ha sido un cambio en la mentalidad del usuario y en la forma de trabajo actual. Además de modernizar las herramientas y añadir nuevas funcionalidades, las herramientas ahora pasan a ser en línea, lo cual aporta grandes posibilidades a la hora de trabajar desde cualquier sitio, desde cualquier dispositivo y con cualquier usuario.

Dos conceptos muy importantes que hay que tener en cuenta en la forma de trabajo de *Microsoft 365* son la sincronización y la integración. Entendemos como sincronización el poder actualizar documentos entre usuarios, o entre tus propios documentos entre dispositivos o entre aplicaciones locales y en línea. Esta opción de tener siempre las últimas versiones de todos los documentos hará que el trabajo sea más productivo y eficaz.

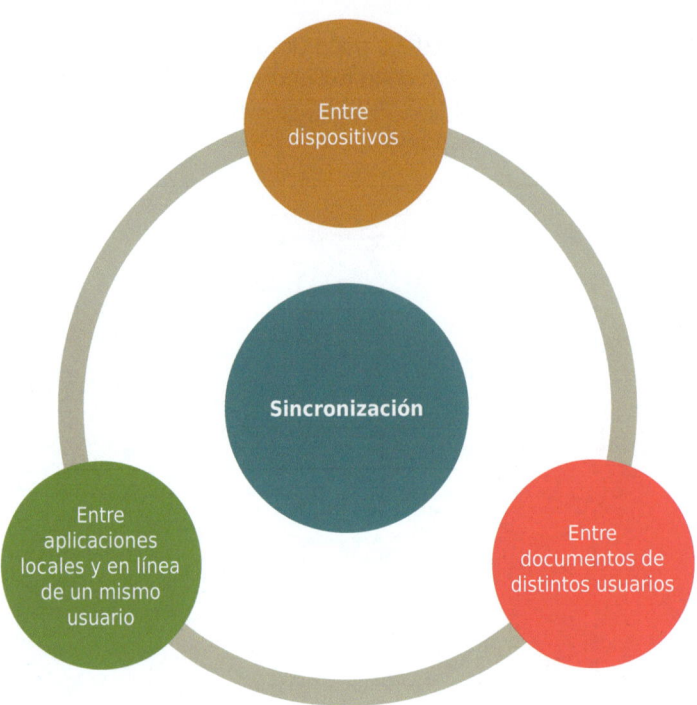

La integración va más allá. Se trata de poder compartir datos, documentos, recursos, procesos, etc. entre las distintas aplicaciones que componen *Microsoft 365*. Esto hace que determinados procesos sean menos redundantes, la información menos repetitiva y la gestión de todos los datos más eficaz.

Ejercicios de autoevaluación
Unidad de Aprendizaje 1

1. ¿Qué aporta *Microsoft 365* frente a los paquetes clásicos de *Office?*

    a. Ha pulido algunos detalles con el paso del tiempo, como en cada versión.

    b. No introduce cambios, es únicamente una estrategia de *marketing.*

    c. Va más allá de las herramientas meramente ofimáticas: tiene productos en línea para mejorar la efectividad de los trabajadores.

    d. Incorpora algunos programas nuevos.

2. ¿Cuál de las siguientes no es una herramienta de *Microsoft 365?*

    a. *Outlook*

    b. *OneList*

    c. *OneNote*

    d. *OneDrive*

3. ¿Cuál de las siguientes no es una característica de *Microsoft 365?*

    a. Solo puede usarse con conexión a internet.

    b. Siempre está actualizado a las últimas versiones.

    c. Puedes instalar *Word* en tu ordenador.

    d. Todas las opciones son incorrectas.

4. ¿Cómo se llama la inteligencia artificial integrada en *Microsoft 365?*

    a. *Planner*

    b. *Copilot*

    c. *365*

    d. *SharePoint*

5. Determina si la siguiente oración es verdadera o falsa: *"Microsoft 365* permite que varios usuarios puedan trabajar simultáneamente en un mismo documento, actualizándose los cambios para todos".

   ■ Verdadero
   ■ Falso

6. Determina si la siguiente oración es verdadera o falsa: *"Microsoft 365* puede integrarse con herramientas de fuera de *Microsoft".*

   ■ Verdadero
   ■ Falso

7. ¿Cuál de los siguientes es un objetivo de la comunicación interna en la empresa?

   a. Crear identidad corporativa y que los trabajadores se identifiquen.
   b. Permitir a los trabajadores participar en la toma de decisiones.
   c. Acortar distancias entre personas que trabajan en lugares distintos.
   d. Todas las opciones son correctas.

8. ¿Cómo aporta *Microsoft 365* más seguridad al almacenamiento de documentos?

   a. Gracias a que puedes estar trabajando sin conexión, que es el peligro real: internet.
   b. Gracias a sus sistemas de seguridad en cuanto a acceso, restricciones, personas, etc.
   c. No la aporta directamente, pero, como reduce costes, puede invertirse en esta seguridad.
   d. No es cierto que aporte más seguridad que un archivo de toda la vida; al contrario, al estar en línea es menos seguro.

9. Determina si la siguiente oración es verdadera o falsa: "Si trabajas en un documento sin conexión, este nunca podrá estar disponible para otros usuarios en línea":

   ■ Verdadero
   ■ Falso

10. Determina si la siguiente oración es verdadera o falsa: "No siempre es posible acceder desde cualquier ubicación, aunque tengas conexión a internet":

- Verdadero
- Falso

OneDrive 365

Contenido

Objetivos

El objetivo general de esta Unidad de Aprendizaje es:

→ Almacenar, compartir y gestionar archivos y documentos en la nube.

Los objetivos específicos de esta Unidad de Aprendizaje son:

→ Conocer el funcionamiento y las ventajas de *OneDrive*.

→ Instalar la aplicación de escritorio y saber acceder desde tu ordenador y en línea.

→ Subir documentos en carpetas.

→ Ordenar documentos en carpetas.

→ Subir un archivo a una nueva carpeta de *OneDrive*.

→ Compartir documentos.

→ Sincronizar documentos.

→ Definir las preferencias de sincronización.

1. Introducción

Dentro de las herramientas de *Microsoft 365,* el almacenamiento en la nube o espacio virtual se hace en *OneDrive.* Si bien el espacio disponible depende del plan que se contrate y del número de usuarios, puedes guardar tus archivos y documentos en tu espacio, a modo de copia de seguridad, o para poder acceder a ellos desde otros dispositivos o ubicaciones.

Es fundamental saber cómo subir los documentos a ese espacio y cómo tenerlos accesibles en todo momento. También se podrá compartir estos documentos con otros usuarios y, gracias a la sincronización y a la conexión a internet, todos podrán acceder a las versiones actualizadas de todos ellos. También podrán descargarlas o trabajar en ellas *online,* dependiendo de los permisos que se otorguen a cada usuario.

Muchas empresas tienen su documentación de trabajo y archivos en la nube, para permitir el acceso a todos los trabajadores desde cualquier ubicación, optimizando los tiempos y la operativa.

Este es el caso de Almudena, que debe aprender a utilizar *OneDrive* tanto para su propio trabajo como para compartir documentos con el resto de los compañeros. Debe ser ordenada y cuidadosa para no poner en peligro los documentos de los demás, en los que trabaja de forma colaborativa.

2. Introducción a *OneDrive*

👉 HILO CONDUCTOR

Almudena escucha todo el tiempo a sus compañeros hablar de los archivos de la nube y a veces le piden que guarde en la nube. Quiere saber cuál es el proceso para hacerlo, pero, más allá, quiere saber qué mejoras supone este tipo de guardado virtual.

- -

OneDrive es el servicio de almacenamiento en la nube de *Microsoft 365.* Es un espacio virtual donde se guardan archivos, documentos, fotos, etc., y al que puedes acceder desde tu dispositivo. Además, tiene otras bondades como las siguientes:

- **Almacenamiento fuera de tu equipo:** el almacenamiento en la nube te ofrece la ventaja de liberar espacio en tu equipo local o en el servidor de tu empresa.
- **Acceso desde cualquier lugar:** además, te permite acceder a los documentos y archivos almacenados desde cualquier lugar, al ser un espacio virtual, simplemente gracias a la conexión a internet.
- **Acceso desde cualquier dispositivo:** también se puede acceder a los documentos y archivos desde cualquier dispositivo (en el que tengas la aplicación, te identifiques con tu cuenta y que cuente con conexión a internet).
- **Permite compartir y colaborar:** facilita el intercambio de archivos con otros usuarios e incluso el trabajo en tiempo real con documentos de *Office* en línea.
- **Fácil sincronización:** dado el acceso desde distintos dispositivos y desde cualquier lugar, e incluso por parte de varios usuarios distintos, es fundamental que todo esté actualizado y accedas siempre a la última versión. Para eso existe la sincronización de documentos, que se realiza de forma sencilla.
- **Copias de seguridad:** permite realizar copias de seguridad alojadas en ese espacio virtual, sin riesgo de pérdida o avería del equipo.
- **Documentos seguros:** cuenta con características de seguridad ya conocidas en otras aplicaciones, como son los cifrados de archivo, la protección contra *malware*, etc.

Los documentos que guardas en la nube están seguros, no solo de posibles errores humanos o fallos técnicos del equipo, sino que también cuentan con protección *antimalware,* con cifrado de archivo, entre otras medidas de seguridad que aporta *Microsoft 365.*

Tus archivos en la nube están protegidos con cifrado y seguridad avanzada, asegurando su integridad frente a errores o amenazas digitales.

IMPORTANTE

El guardado en la nube no es infinito; el espacio disponible dependerá del plan que tengas contratado. Este puede variar de un plan personal muy básico con 100 GB de espacio en la nube a un plan empresarial con bastante más espacio. Lo habitual en un plan familiar, por ejemplo, es 1 TB para cada uno de los 6 usuarios.

---

3. Primeros pasos con *OneDrive*

☞ HILO CONDUCTOR

Almudena ha empezado a utilizar la aplicación *OneDrive* y lo hace de forma insegura, ya que no sabe qué documentos son suyos, cuáles compartidos, cómo debe crear uno nuevo e incluso cómo hacer que otro compañero pueda participar en él.

Para acceder a *OneDrive,* puedes ir a la página de *Microsoft 365* (www. microsoft365.com), como ya se ha comentado anteriormente, hacer clic en **Aplicaciones** y hacer clic en el icono de *OneDrive*. Si no apareciese en el centro de la pantalla, haz clic en **Más aplicaciones** para encontrarlo.

Se abrirá una ventana en el navegador, que será el panel de control de *OneDrive,* la pantalla desde la que se puede gestionar el espacio en la nube. La información que puedes encontrar es:

- ⊃ **Pantalla de inicio (1):** puedes hacer clic en el botón de inicio para ir a la pantalla principal de inicio. En ella encontrarás los archivos que tienes almacenados en este espacio de la nube y podrás buscarlos según determinados criterios.
- ⊃ **Filtros de archivos recientes (2):** en la parte superior de la pantalla central te resaltará los últimos archivos editados, por si quieres acceder a ellos de nuevo de forma rápida. En la parte inferior del listado de documentos puedes ver filtros que puedes aplicar a la búsqueda de tus

archivos. Puedes elegir el icono del tipo de archivo: *Word, Excel,* etc., incluso hacer clic en **Más** para desplegar más opciones. Observa que, al hacer clic, solo te mostrará en el listado archivos del tipo seleccionado. También puedes filtrar por el nombre del archivo si lo recuerdas o por el nombre de la persona que lo ha editado.

- **Clasificación de archivos (3):** haz clic en estas opciones para ver un listado de tus documentos. Puedes hacer filtros para ir acotando la búsqueda.

  - **Mis archivos:** en este listado verás todos los documentos que has creado o subido a este espacio de *OneDrive.*
  - **Compartidos:** en esta sección solo se mostrarán los archivos que se hayan compartido contigo; puede ser útil a la hora de localizar uno en concreto. Puedes tener un acceso directo a los archivos compartidos en la sección de *Mis archivos,* pero no mover el archivo allí.
  - **Favoritos:** en este filtro aparecerán los documentos que hayas marcado como favoritos, por ser aquellos que usas constantemente o por querer tenerlos fácilmente localizados durante un tiempo.

- **Papelera (4):** en este lugar verás el listado de elementos que hayas eliminado. Aquí se almacenan temporalmente, y puedes o bien restaurarlos (que vuelvan a estar donde estaban, sin calidad de haber sido borrado) o bien eliminarlos de manera permanente vaciando la papelera o esperando a que pase el plazo establecido para que se eliminen automáticamente. Para planes personales este plazo es de 30 días, y hay un plazo mayor para planes empresariales.
- **Más filtros (5):** ofrece otras opciones para encontrar los documentos que buscas. Podrás encontrar, por ejemplo, los archivos que te compartan en las reuniones. Es una manera de tenerlo todo más organizado y localizable.
- **Botón Cargar o Crear (6):** desde este botón podrás crear documentos, crear carpetas o subir los documentos desde tu dispositivo. Es el botón para empezar a funcionar en *OneDrive.*

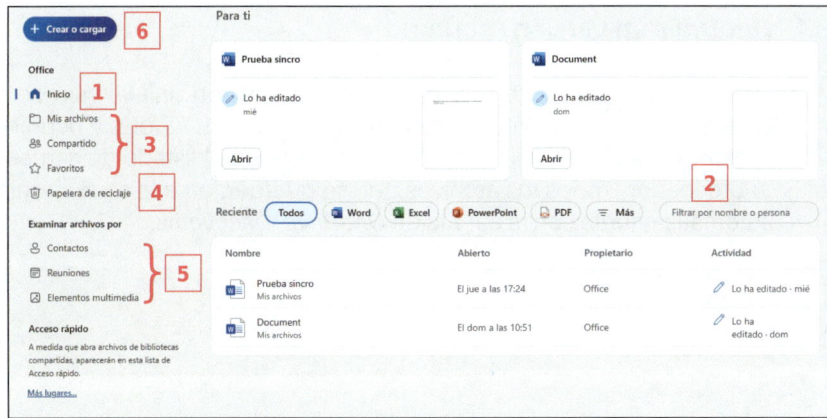

Opciones del panel de navegación de OneDrive

Puedes decidir cómo ver el listado de archivos en el panel de navegación. Ordena el listado en la parte superior derecha de la pantalla desplegando la flecha a la derecha de **Ordenar** y aplica el criterio que quieras.

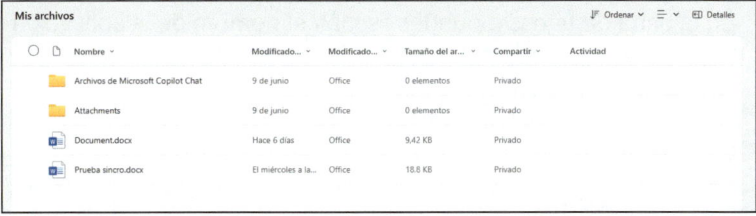

Mis archivos

Escoge cómo ver el propio listado, ya sea como listado o como mosaicos, haciendo clic en la opción que desees del listado desplegable que aparece al pulsar el icono de las tres rayitas. También puedes aplicar filtros para acotar la búsqueda de tu archivo.

NOTA

Ten en cuenta que todas estas opciones puedes aplicarlas de forma general a todos los archivos o seleccionar uno o varios haciendo clic en el circulito que aparece a la izquierda de su nombre (y el criterio de ordenación o visualización se aplicará solo a ellos).

- -

3.1. *OneDrive* en versión escritorio

Como ya imaginarás, *OneDrive* también cuenta con una versión de escritorio que, además, se integra con el navegador de *Windows* y permite que la carpeta de *OneDrive* se vea como una más en el listado de carpetas de tu ordenador. Todos los archivos que se guarden en ella se sincronizarán automáticamente con la cuenta de *OneDrive* y viceversa.

NOTA

Si has instalado todas las aplicaciones, busca *OneDrive* en la barra de búsqueda del sistema operativo de tu ordenador y ejecútalo. Si no lo tienes instalado, descárgalo e instálalo desde la web de *Microsoft 365*.

Para iniciar *OneDrive* de forma local, debes hacer clic en su icono de nube en la barra de tareas o puedes escribir el nombre de la aplicación en la barra de tareas y configurar qué tipo de sincronización de carpetas y archivos quieres que se haga en la nube.

PARA SABER MÁS

Puedes seguir el proceso paso a paso en el siguiente documento de soporte de *Microsoft 365*. Accede desde aquí.

https://redirectoronline.com/adgg210202

4. Administración de archivos y carpetas

☞ HILO CONDUCTOR

Almudena ha empezado a organizar sus documentos. Quiere ser especialmente cuidadosa con los que se comparten en la nube, ya que otros compañeros deberán acceder a ellos de forma sencilla y, además, no quiere cometer ningún error.

Al igual que lo haces en tu equipo de forma local (y ya lo hacías con tus documentos en papel), en el espacio de almacenamiento de *OneDrive* deberás ser ordenado. Te manejarás con archivos y carpetas y podrás crearlos, cambiarles el nombre, moverlos de ubicación o copiarlos a otro sitio, compartir con otros usuarios (controlando accesos o permisos) o eliminarlos. Además, puedes definir si cada carpeta o archivo podrá o no sincronizarse.

Clasificación y orden de documentos y carpetas

4.1. Trabajar con archivos y carpetas

Una vez que has localizado un archivo o carpeta, tendrás que seleccionarlo para aplicarle alguna acción. Haz clic sobre el círculo blanco que aparece a la izquierda del archivo, carpeta o documento, y observa cómo se marca con un *check* azul. Ya puedes desplegar la lista de acciones (haciendo clic sobre los tres puntos o con botón derecho en el archivo) y ejecutar la que quieras realizar.

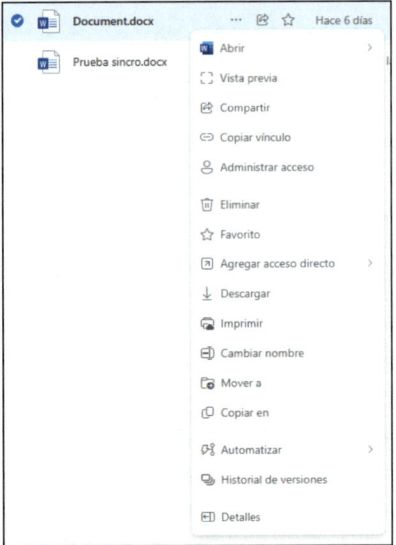

Desplegable de acciones

4.2. Crear carpetas o documentos

Para que un documento esté en la nube, además de que alguien lo comparta contigo, también puedes crearlo nuevo o subirlo desde tu equipo local.

En el panel de navegación de *OneDrive,* haz clic en el botón + **Crear** o **Cargar** para crear o subir a la nube una carpeta, un archivo o un documento.

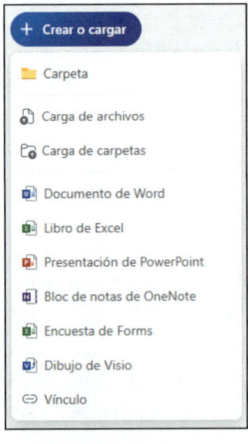

Opciones de Crear o cargar un documento

Si escoges **Crear carpeta,** podrás asignarle un nombre y, si quieres, un color que te ayudará a diferenciarlas por temáticas, proyectos, etc. Podrás realizar las acciones que se han comentado y podrás acceder tanto en línea como desde tu escritorio, haciendo clic en el icono de la nube → Abrir carpeta.

Crear una carpeta en OneDrive

 ## ACTIVIDAD COMPLEMENTARIA

2. Imagina que trabajas con proveedores y que, para cada uno, tienes que crear un viaje específico. En cada viaje has de tener en cuenta facturas y papeleos a nivel interno y documentación de clientes con cierta información sensible y privada. ¿Cómo podrías ordenar las carpetas y otorgar los permisos para poder tener todo el trabajo centralizado en tu *OneDrive* pero no accesible por todos?

Si quieres crear un documento directamente (documento de *Word,* libro de *Excel,* bloc de notas en *OneNote,* etc.), escógelo, asígnale un nombre y haz clic en **Crear.** El documento se abrirá automáticamente en tu navegador y podrás verlo tanto en línea como en tu aplicación de escritorio al sincronizarse ambas.

4.3. Cargar archivos o documentos

Si quieres subir un archivo o una carpeta que ya tienes en tu ordenador, haz clic en Crear/Cargar → Carga de archivos/Carpetas. Deberás navegar por las carpetas hasta encontrarlo y, al aceptar, se subirá y podrás verlo en Mis Archivos y aplicarle las acciones comentadas.

NOTA

Observa que cuando subes un nuevo documento o carpeta al listado, aparecerá con un icono de destello para poder encontrarlo fácilmente.

- -

VÍDEO

Puedes ver algunos tutoriales sobre el uso de *OneDrive* en el siguiente enlace.

https://redirectoronline.com/adgg210203

- -

TAREA 3

Almudena quiere subir algunos catálogos que ha recibido en PDF de algunos proveedores a la carpeta Viajes 2025, que deberá crear. ¿Cómo sería el proceso?

- -

Solicitar archivos

Solicitar archivos es una funcionalidad de *Microsoft 365* que permite generar un enlace para que otro usuario pueda subir archivos a esa carpeta sin tener que compartirla o sin que pueda acceder a la carpeta completa. Esto supone un ahorro de tiempo, ya que todos estos archivos se almacenarán en la carpeta que designes y no tendrás que ir uno a uno pidiéndoles este archivo de forma personal.

Crea una carpeta nueva o utiliza una que ya tengas, selecciónala del listado de archivos y haz clic en el botón derecho **→ Solicitar archivos.** Añade una descripción que le llegará a los usuarios y copia el vínculo para hacerlo llegar a los demás usuarios por chat, o añade direcciones de correo electrónico y un mensaje. Haz clic en **Listo.** Los usuarios recibirán este acceso únicamente para subir el archivo solicitado y tú, como solicitante, recibirás una notificación cuando lo suban.

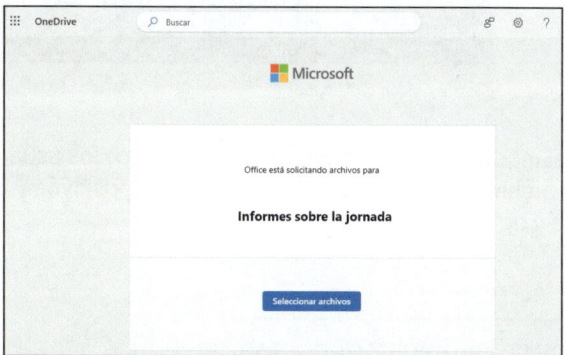

Subir archivos solicitados

5. Compartición y sincronización

☞ **HILO CONDUCTOR**

A Almudena le preocupa utilizar la última versión que alguien haya editado en los archivos compartidos. De igual modo, alguna vez ha tenido que hacer alguna modificación en un documento estando sin conexión y le da miedo que esos cambios puedan perderse.

Las funcionalidades por excelencia de *OneDrive* son la compartición y la sincronización. Todos los usuarios podrán compartir archivos y trabajar simultáneamente gracias a tener los documentos alojados en la nube.

Sincronización en la nube

De igual modo, gracias a la sincronización, todos los usuarios tendrán siempre los archivos actualizados en todos los dispositivos y entre dispositivos en línea y de escritorio.

5.1. Compartir archivos y documentos

Accede al panel de navegación de *OneDrive,* selecciona un documento y, con el botón derecho, haz clic en **Compartir.** O bien, con el documento abierto, haz clic en el botón **Compartir** que aparece en la parte superior de la pantalla y rellena los datos que te solicitan.

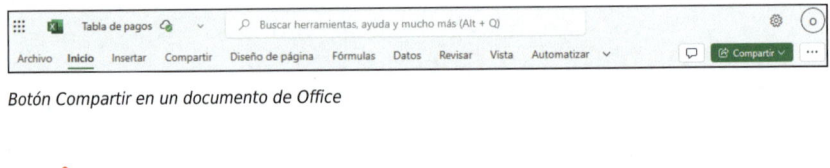

Botón Compartir en un documento de Office

 **NOTA**

A la hora de compartir archivos, es importante que te tomes un momento para decidir qué permisos tendrá cada persona con la que lo compartas. No es lo mismo acceder para echar un vistazo o para leer algo que entrar a editar y cambiar un documento. O incluso eliminarlo.

Continúa en página siguiente >>

<< Viene de página anterior

Permisos para la edición de un documento

Selecciona qué permisos tendrá cada usuario cuando estás añadiendo su correo electrónico para compartirle el documento, justo en el desplegable junto al icono de un lápiz. Escoge: **Puede editar** (para hacer cualquier cambio), **Puede ver** (no se pueden realizar cambios) o **No se puede descargar** (puede ver, pero no descargar).

CONSEJO

Si no lo gestionas desde el primer momento, puedes acceder más tarde a esta configuración de permisos con el botón derecho sobre el archivo o desplegando el botón **Compartir** dentro del documento y escogiendo **Administrar accesos.**

IMPORTANTE

Las subcarpetas suelen heredar los permisos de sus carpetas superiores. Si no quieres que esto se aplique, debes desactivar la herencia de permisos.

Para hacer esto, debes acceder a las propiedades de la carpeta con el botón derecho sobre ella, ir a la pestaña **Seguridad → Avanzado → Deshabilitar la herencia → Aceptar/Aplicar.**

APLICACIÓN PRÁCTICA

Almudena quiere enviar a unos clientes un documento con el presupuesto de un viaje que han pedido. Se trata de una primera versión sobre la que seguirán trabajando para decidir qué sitios visitar, por lo que quiere mandarlo en un archivo compartido a los usuarios de dicho grupo y que puedan ir viendo el precio actualizándose a medida que vayan proponiendo cambios. Por tanto, no tiene sentido que los clientes puedan descargar el archivo, solo que lo puedan ver en línea, ni que puedan editarlo ellos porque sería un lío y, además, podrían modificarse algunos datos. ¿Es posible hacerlo con *OneDrive?*

Solución

Es posible asignando permisos de **No se puede descargar.**

TAREA 4

Almudena quiere compartir un catálogo con unos clientes que han pedido mirarlo en casa más tranquilamente. ¿De qué manera podría hacerlo, ya que lo tiene en la carpeta Viajes 2025 de *OneDrive?*

Edición de documento simultánea

Como sabes, puedes editar un documento de forma simultánea y colaborativa con otros usuarios con los que hayas compartido dicho documento. Será un documento de *Word, Excel* o *PowerPoint* y, cuando estés trabajando en línea, te indicará qué otros usuarios están con el documento abierto en ese momento, e incluso verás su cursor y sus cambios.

5.2. Sincronización de documentos

Una vez iniciada la sesión en *OneDrive,* los archivos guardados en la carpeta local de *OneDrive* de tu ordenador se sincronizarán en la nube, aunque puedes personalizar esta sincronización haciendo clic con el botón derecho sobre un archivo.

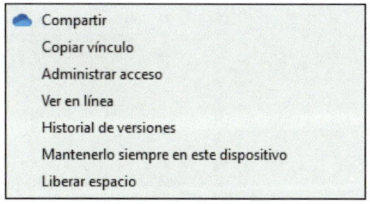

Opciones de sincronización de archivos
y carpetas

Como ves en el listado de opciones, puedes **Mantenerlo siempre en dispositivo** para tener una copia descargada en tu ordenador y poder acceder a ella incluso sin conexión a internet, o bien puedes **Liberar espacio,** para eliminar los archivos sincronizados de tu disco local, manteniendo una copia en la nube.

 SABÍAS QUE...

Existe una opción en *Windows 10* llamada Sensor de almacenamiento, que realiza la operación de Liberar espacio de forma automática, eliminando de tu ordenador aquellos archivos que no has utilizado recientemente. Obviamente, sigues pudiendo acceder a ellos desde *OneDrive* con tu conexión a internet.

Opciones de configuración de sincronización

Existen otras formas de liberar espacio en tu *OneDrive,* como la eliminación de archivos (de forma permanente), porque decidas que ya no te sirven, que son obsoletos, etc., o bien desactivando la sincronización de determinadas carpetas, ya que se sincronizarán por defecto de forma automática.

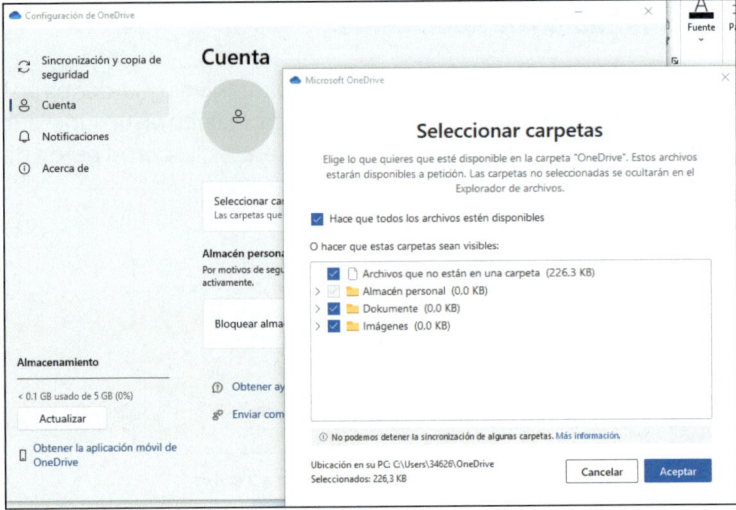

Seleccionar carpetas para detener su sincronización

Ve al icono de la nube de la barra de tareas de tu sistema operativo, cerca del reloj, haz clic sobre él para definir algunas preferencias sobre los guardados y sincronizaciones. Escoge **Configuración → Cuenta → Seleccionar carpetas** para marcar o desmarcar aquellas que quieres que se sincronicen o no.

 PARA SABER MÁS

Puedes profundizar en el proceso para sincronizar carpetas accediendo a través del siguiente enlace.

https://redirectoronline.com/adgg210204

Además, puedes hacer clic en **Pausar la sincronización** si quieres detenerla por un tiempo, bien porque tengas peor conexión, porque estés usando una red pública o, simplemente, porque no te interese en ese momento.

Iconos para conocer el estado de sincronización los archivos de *OneDrive*

Observa que una vez que subes un archivo, o si te conectas sin conexión, aparecen una serie de iconos al lado de los documentos, que nos dan la siguiente información:

- **Círculo azul con flechas:** indica que la sincronización está en curso.
- **Círculo rojo con cruz blanca:** indica que existen problemas con la sincronización, puede que por falta de conexión, por falta de espacio, etc.
- **Círculo verde con marca de verificación:** indica que la sincronización es correcta y que el archivo está disponible tanto en local como en la nube completamente actualizado.
- **Nube gris:** indica que no está iniciada la sesión en tu equipo.
- **Nube azul con candado:** indica que está compartido con otros usuarios y solo disponible en línea.
- **Tres líneas azules:** indica que es un archivo nuevo que no has visto todavía, recientemente subido por ti o por algún otro usuario.

 PARA SABER MÁS

Puedes ampliar información sobre los iconos en el siguiente artículo de soporte técnico de *Microsoft 365.* Accede desde aquí.

https://redirectoronline.com/adgg210205

6. Resumen

El uso de *OneDrive* permite tener, por un lado, la seguridad de una copia de tus archivos fuera de tu equipo informático y, por otro, la comodidad de poder acceder a ellos desde cualquier sitio y con cualquier dispositivo.

Los archivos que guardes en la nube podrás tenerlos también en tu equipo de forma local y completamente sincronizados cuando te conectes a internet. Estos archivos pueden estar ordenados en carpetas y puedes realizar búsquedas de forma bastante intuitiva y filtros para ayudarte a encontrarlos.

Otros usuarios pueden acceder e incluso editar documentos que estás modificando tú, de forma simultánea, lo que favorece el trabajo colaborativo. Es importante saber utilizar *OneDrive* y ser ordenado con los archivos y carpetas para que sea sencillo para todos los usuarios.

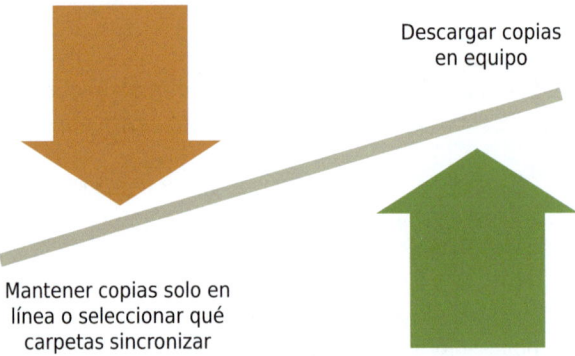

Descargar copias
en equipo

Mantener copias solo en
línea o seleccionar qué
carpetas sincronizar

No siempre debes tener todos los archivos en la nube o todos en local, puedes liberar espacio tanto en la nube como en tu ordenador según te vaya conviniendo, e incluso realizar algún tipo de optimización de espacio de forma automática.

Ejercicios de autoevaluación
Unidad de Aprendizaje 2

1. Para buscar archivos en el navegador de documentos de *OneDrive* **puedes hacer:**

    a. Filtro por tipo de archivo
    b. Filtro solo por archivos compartidos contigo en una reunión
    c. Filtro por documentos que hayas marcado como favoritos
    d. Todas las opciones son correctas.

2. ¿Qué opción debes escoger para compartir un archivo enviando por mensajería instantánea el acceso al mismo?

    a. No es posible enviarlo si no es por correo electrónico.
    b. Copiar vínculo
    c. Compartir
    d. Agregar acceso directo

3. Si quieres tener un archivo en otra carpeta distinta a la que se ha subido por defecto, y solo en esa carpeta, ¿qué acción debes ejecutar?

    a. Mover a
    b. Copiar en
    c. Vista previa
    d. Automatizar

4. ¿Cómo se llama la acción por la que eres tú, como dueño de una carpeta, quien solicita un documento a un usuario sin darle acceso a ella?

    a. Compartir documento
    b. Solicitar archivo
    c. Sincronizar archivo
    d. Copiar vínculo

5. ¿Cómo se llama la opción que elimina archivos que no has utilizado recientemente de tu ordenador para que no ocupe espacio al sincronizar?

    a. Sensor de almacenamiento
    b. Liberador de espacio
    c. Deshabilitar herencia
    d. Todas las opciones son incorrectas.

6. Una vez que das permisos para acceder a determinados usuarios, ya nunca más puedes modificar dichos permisos.

    ■ Verdadero
    ■ Falso

7. Relaciona cada icono de sincronización con su significado:

    a. Círculo azul con flechas
    b. Círculo verde con marca de verificación
    c. Nube azul con candado
    d. Nube gris

    __ No tienes iniciada sesión en tu equipo.
    __ Sincronización correcta y archivo disponible en línea y en local
    __ Sincronización en proceso
    __ Documento solo disponible en línea, compartido con otros usuarios

8. ¿Cómo puedes personalizar la sincronización para que una carpeta privada que tienes nunca se sincronice en la nube?

    a. No se puede, se sincroniza todo o nada.
    b. Accediendo a la configuración de *OneDrive* y definiendo qué carpetas quieres sincronizar
    c. En editar notificaciones
    d. Pausando la sincronización justo cuando vaya a sincronizar esa carpeta

9. Determina si la siguiente oración es verdadera o falsa: "Si desvinculas equipo estás desvinculando la cuenta por completo de tu ordenador":

- Verdadero
- Falso

10. Determina si la siguiente oración es verdadera o falsa: "El almacén personal es un espacio de almacenamiento que solo está en tu ordenador personal":

- Verdadero
- Falso

OneNote 365

Contenido

Objetivos

El objetivo general de esta Unidad de Aprendizaje es:

→ Conocer y sacar partido de forma eficiente al organizador de notas *OneNote*.

Los objetivos específicos de esta Unidad de Aprendizaje son:

→ Crear notas con distintos tipos de contenido.

→ Crear una página de notas.

→ Insertar objetos en las notas.

→ Utilizar recursos para ordenar y jerarquizar notas.

→ Compartir notas con otros usuarios y trabajar simultáneamente.

1. Introducción

En la actualidad, la cantidad de información que nos llega por distintos medios (correo, chats internos, videollamadas, archivos en la nube, etc.) es inmensa. Esto hace que debamos ser organizados y ordenados. Incluso la idea original de rellenar *post-it* que pegar en la pantalla se nos puede ir de las manos. Es por esto por lo que *Microsoft 365* contiene una aplicación específica para tomar notas: *OneNote 365*.

Aunque, como es de suponer, dado el viraje que ha tomado *Microsoft 365* hacia lo colaborativo, hacia el trabajo en línea, hacia el almacenaje en la nube y hacia las herramientas que se integran y que permiten simplificar contenido de las distintas aplicaciones porque se relacionan entre ellas, es lógico pensar que esta aplicación para notas también tiene estas características.

Vamos a ver de qué manera se pueden tomar notas, qué tipo de notas y cómo puede organizarse la información, siempre con el objetivo de conseguir una mayor productividad y eficiencia, que es lo que persigue la *suite*.

Este es el caso de Almudena, que necesita organizarse un poco mejor. Muchas veces está en su mesa, pero otras veces está fuera cuando necesita anotar algunos datos que necesitará ella u otros compañeros. A veces, incluso necesitaría añadir una imagen o un documento a estas notas para retomarlo más tarde. Quiere conocer más a fondo las funcionalidades de *OneNote 365*.

2. Introducción a *OneNote 365*

☞ HILO CONDUCTOR

Almudena quiere conocer algo mejor la aplicación *OneNote 365* que usan todos sus compañeros y a la que le dan acceso durante algunas reuniones. Quiere saber qué puede hacer y, sobre todo, ver si puede unificar tareas y no tener que usar tantas otras pequeñas aplicaciones o incluso libretas en papel y *post-it*.

- -

OneNote es la herramienta para tomar notas de *Microsoft 365*. Dicho así, podría parecer una aplicación muy sencilla, que te recordaría a la aplicación

Bloc de notas, muy básica, que estaba instalada por defecto en tu ordenador desde hace años. Pero no tiene nada que ver.

OneNote 365 es mucho más visual, con más funcionalidades, en ella puedes trabajar de forma colaborativa y puedes compartir los archivos con otros usuarios. Algunas de sus funcionalidades son:

- **Crear notas:** permite crear anotaciones de muy diversos tipos: texto con tu teclado y también de forma manual, dibujar a mano alzada o insertar otro tipo de contenido (como imágenes, enlaces, archivos, etc.).
- **Organizar notas:** esta función es fundamental, ya que no tendría sentido generar mucha información y guardarla de forma desordenada. Se pueden crear blocs, secciones, páginas y dar una jerarquía a tus notas.
- **Buscar información en tus notas:** de igual modo, permite realizar búsquedas de información entre tus notas, lo que lo hace mucho más ágil ante la gran cantidad de información que puedes incluir, aunque esté perfectamente organizada.
- **Dar formato y estilo a las notas:** también puedes dar pequeños toques de estilo y formato a tus notas, como listas con numeración o viñetas, resaltar texto con negritas, etc.
- **Añadir contenido a tus notas:** esta es una de las funcionalidades definitivas: permite agregar otro tipo de contenido, no solo un texto, a tus notas. De esta manera, podrás realmente tener tus notas completas en una sola aplicación.
- **Colaborar y compartir notas:** como otras aplicaciones *365,* una de sus funcionalidades principales es poder colaborar con otros y compartir las anotaciones que realizas, por ejemplo, durante una reunión.

Además, una de las grandes ventajas, al igual que ocurre en las demás aplicaciones de *Microsoft 365,* es que puedes acceder a tus notas tanto de forma local como en la nube o, lo que es lo mismo, **desde cualquier sitio, con cualquier dispositivo y en cualquier momento.**

Esto, unido a la sencillez, productividad y opciones de colaboración, sincronización e integración, hace que se trate de una herramienta muy potente.

 **EJEMPLO**

Puedes utilizar esta aplicación a distintos niveles: en un trabajo en equipo, a nivel educativo o incluso a nivel doméstico; por ejemplo, editando y consultando la lista de la compra desde distintos dispositivos, lugares y usuarios.

Con OneNote en Microsoft 365 puedes crear, consultar y editar tu lista de compras desde el móvil sin problemas.

3. Colaboración

 **HILO CONDUCTOR**

Almudena ya tiene una visión general de las muchas opciones que ofrece *OneNote 365* y que le aportarían eficiencia en su trabajo, pero la que más le ha llamado la atención es la posibilidad de compartir y colaborar con otros compañeros para estas anotaciones, y que estén disponibles para todos.

Los documentos que creas y en los que trabajas puedes compartirlos con otros usuarios, haciéndoles llegar información que les puede interesar o incluso trabajando de forma colaborativa. Puedes definir qué tipos de acceso dar a cada uno (si solo ver o también editar), al igual que ocurría con otras aplicaciones en línea.

CONSEJO

Es fundamental ser ordenado, para que a todos les resulte sencillo y cómodo encontrar documentos tuyos y viceversa. Existen herramientas que pueden ayudarte a ser organizado, pero es interesante también que establezcas un sistema de trabajo con tus compañeros.

Notas de forma colaborativa en su forma tradicional

IMPORTANTE

Esta aplicación, al igual que ocurría con *Word*, *Excel*, *PowerPoint* o *OneDrive*, podrá usarse de forma *offline* (sin conexión) en su versión de escritorio o en línea. Si se trabaja sin conexión, se necesitará la posterior conexión a internet para que haya una sincronización en la nube.

ACTIVIDAD COMPLEMENTARIA

3. Imagina que trabajas en una nueva campaña de viajes para otoño con otros compañeros y que os habéis propuesto ir haciendo una lluvia de ideas los meses anteriores. Piensa de qué manera podrías usar *OneNote* para ir recopilando referencias, datos, ideas, etc. y compartirlo con tus compañeros.

4. Creación de un bloc de notas

Almudena quiere crear su primer bloc de notas y sabe que debe ser ordenada, así que decide crear secciones y asignarles colores antes de empezar a llenarlo de contenido. Una vez que ya lo tiene organizado es cuando quiere compartirlo con el resto de sus compañeros.

Para empezar a trabajar con *OneNote,* debes crear un bloc de notas o ser invitado a ver y editar el bloc de notas de otros usuarios. En el primero de los casos, debes abrir la aplicación de alguna de las formas que ya sabes, bien desde la web de **www.microsoft365.com → Aplicaciones,** para hacerlo en línea directamente, o bien ejecutando la aplicación desde tu dispositivo, si ya tienes instaladas las versiones de escritorio.

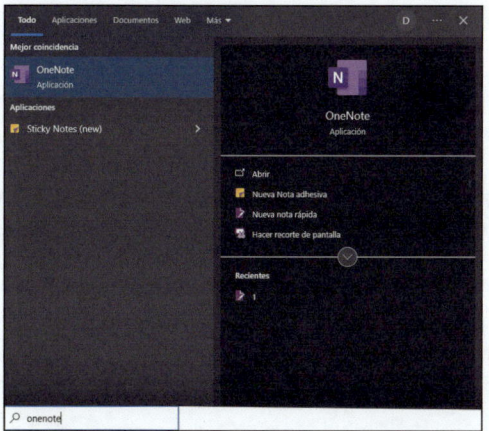

Buscar OneNote desde la barra de búsqueda de tu ordenador

📢 **RECUERDA**

Si recibes un enlace para acceder a un documento compartido, haciendo clic en él ya se ejecutará el programa, tal y como ocurre en la mayoría de las aplicaciones que ya conoces y usas.

Desde la aplicación de escritorio, ve a **Archivo → Nuevo,** para crear un nuevo archivo. Elige dónde guardarlo, si en una carpeta de tu escritorio o en la nube, y asígnale un nombre para poder empezar a trabajar en él.

NOTA

Ten en cuenta que *OneNote*, además de intuitivo, te va guiando en todos los pasos que debes seguir. Fíjate que al crear el archivo te ofrece la posibilidad de invitar a personas. Siempre puedes decir que lo harás más tarde, o definirlo desde el inicio si va a ser un documento compartido.

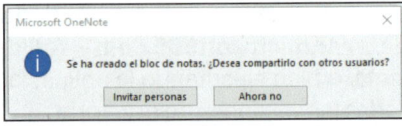

Compartir archivo recién creado

4.1. Interfaz

La interfaz de la aplicación es sencilla e intuitiva, con algunas diferencias entre escritorio y *online,* o entre ordenadores y *tablets* o móviles.

IMPORTANTE

En resumen, se navega en la parte izquierda (puedes buscar la página, sección o bloc de notas); en la parte derecha se escriben las notas, se añade contenido, etc.; y en la parte superior se realizan funciones tanto de gestión del archivo como de uso de herramientas para crear y formatear notas.

Ve al menú desplegable de la izquierda para ver las secciones y p*áginas* que tiene tu bloc; puedes añadir más de forma rápida haciendo clic en + **Agregar sección** o en + **Agregar página.** En el mismo espacio puedes hacer clic en la lupa, que es el icono de **Buscar** para buscar un dato o un contenido, ya sea en secciones o en páginas.

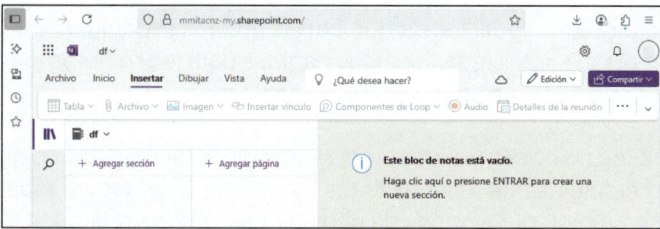

Interfaz de OneNote en línea

En la parte superior, aparecen las pestañas con acciones que puedes realizar y que ya conoces de sobra. Las más importantes son:

- **Archivo:** desde aquí gestionarás el archivo. En el caso de la aplicación en línea, podrás imprimirlo o compartirlo con otros usuarios; en el caso de la aplicación en local, podrás decidir si guardar una copia en tu ordenador (ya que, en línea, por defecto, se guardaría en la nube).
- **Inicio:** escoge datos básicos de formato, corrige ortografía o haz sencillas operaciones de edición: copiar, cortar, pegar, etc.
- **Insertar:** en esta sección, podrás insertar tanto páginas y secciones como elementos para las propias notas: imágenes, vínculos, adjuntos, etc.
- **Dibujar:** en esta pestaña, encontrarás todas las opciones de dibujo y escritura a mano alzada que puedes usar para tus notas.
- **Vista y ayuda:** decide características de visualización, más o menos *zoom,* los autores que participan en las notas, etc. También ofrece documentos de ayuda.
- **Edición:** puedes activar y desactivar la opción de editar el documento, por si solo quisieras que en un momento dado fuera únicamente visible, y puedes escoger también la opción **Abrir en escritorio** en la aplicación en línea. Si observas, la aplicación de escritorio tiene en este lugar un botón llamado **Notas adhesivas,** que funcionarán como *post-it* sobre tu pantalla, para que nada se te pase por alto. Puedes cerrarla cuando termines.
- **Compartir:** desde esta opción decidirás con quién compartes el documento, el bloc de notas, o si deseas enviar en concreto una sola página por correo electrónico, por ejemplo. También podrás administrar el acceso y los permisos, si no lo hiciste cuando *OneNote* te lo sugirió al iniciar un nuevo bloc.

4.2. Cómo se organiza un bloc de notas

El bloc de notas que has creado se organiza, a su vez, en secciones y estas, a su vez, en páginas. De este modo, puedes organizar un bloc en distintos apartados, de igual modo que hacías con los separadores de color de tus carpetas. Puedes tener distintas páginas para los distintos temas que necesites añadir. Se estructura de la siguiente manera:

- **Bloc de notas:** puedes tener tantos blocs de notas como quieras. Puede ser interesante tener distintos blocs para tener temas separados, o bien para proteger algunos de ellos si quieres compartir unos sí y otros no, o compartir con distintos usuarios. Haz clic en **Archivo → Nuevo** y genéralo de la forma que ya se ha explicado anteriormente. Si haces clic con el botón derecho en la parte izquierda de la pantalla, en la sección que aparece en gris donde verás en vista de árbol los documentos creados, también puedes crear un nuevo bloc o una nueva sección.
- **Secciones:** esta es la primera división en que se organiza un bloc de notas. Puedes crear distintas secciones y, dentro de ellas, tener tantas páginas como quieras. Lógicamente, las páginas de una sección deben estar relacionadas con el tema del que trata la sección, para una correcta organización y uso de todos los usuarios. Una vez situado en el bloc de notas donde quieres crearla, haz clic en **Nueva sección** bajo el nombre del bloc y asígnale un nombre que puedas reconocer. Tendrás que crear páginas para poder escribir tus notas. Puedes agruparlas haciendo clic con el botón derecho en la zona gris y escogiendo **Nuevo grupo de secciones,** o bien crear secciones nuevas o mover algunas de las existentes haciendo clic sobre ellas con el botón derecho → **Mover.**
- **Páginas:** es la última sección en la jerarquía y, a su vez, es un lienzo infinito donde ya puedes empezar a crear tus notas. Puedes escribir por todas las partes de la página, moverte con las barras de un lado a otro, etc. Puedes crearlas haciendo clic en **Agregar páginas** y se incluirá una nueva en la sección en la que te encuentres. Asegúrate de ponerle nombres que puedas reconocer posteriormente.

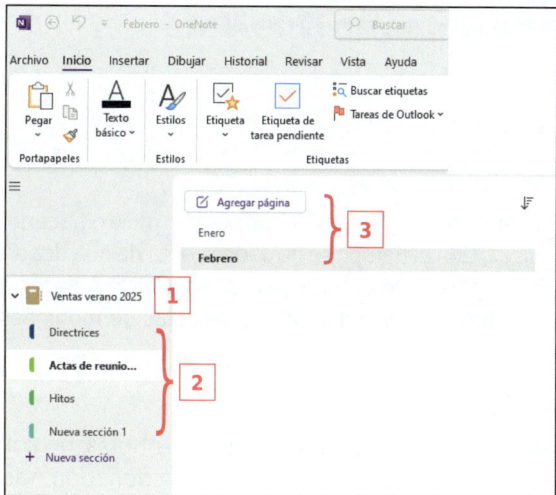

Estructura de los cuadernos de notas

SABÍAS QUE...

Puedes asignar colores a los blocs de notas, para poder diferenciarlos si te resulta más útil, y también puedes asignar colores a las distintas secciones. Haz clic con el botón derecho sobre el bloc o sobre la sección y escoge Propiedades para elegir el color o incluso para cambiarle el nombre.

TAREA 5

Almudena tiene que entrar en una reunión en la que deberá tomar notas que luego enviará por correo a todas las personas que no han podido asistir. Le han encargado, durante los meses de verano, llevar todas las actas de reuniones. Indícale cuál sería el proceso para crear un bloc para estas reuniones, donde almacenar todas las actas de julio y de agosto, que debe poder compartir con los compañeros.

5. Toma de notas en *OneNote*

☞ HILO CONDUCTOR

Almudena ya debe empezar a tomar notas y quiere hacerlo de la manera más rápida y eficaz. Con el tiempo se ha dado cuenta de que deberá seguir un sistema u otro según se trate de un tipo de reunión u otra. A veces, tendrá incluso que transcribir algunas notas de audio en las actas de reuniones.

Existen muchas opciones a la hora de crear notas; no solo tendrán que ser notas de texto y no solo de texto escrito a ordenador. Además, una vez que estén escritas estas notas, podrás moverlas de sitio, completar la información con imágenes o archivos, señalarlas, resaltarlas y editarlas.

Dictar notas en OneNote

⬎ IMPORTANTE

Puedes crear notas de distintas formas, bien escribiéndolas desde tu dispositivo, bien escribiéndolas a mano en un dispositivo que lo permita o bien a partir de un dictado o una grabación.

5.1. Escribir notas

Para empezar a tomar notas, sitúate en cualquier sitio de la página en la que quieras hacerlo, ya sea existente o nueva. Al hacer clic, se creará un cuadro de texto donde aparecerá lo que vayas escribiendo con tu teclado o tu pantalla si se trata de un dispositivo móvil o una *tablet*. Puedes crear tantos cuadros de texto como quieras y en cualquier orden. Estos cuadros no son definitivos, puedes entrar de nuevo en ellos para editar el texto, o incluso mover el propio cuadro a otra posición o eliminarlo.

Acércate a un cuadro de texto y verás cómo aparece una doble flecha; puedes hacer clic y mover el cuadro a tu antojo. Desde los extremos podrás tirar hacia los lados y ampliar su tamaño.

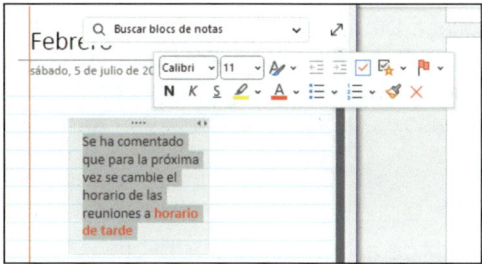

Opciones rápidas de formato

Al acercarte al texto aparecerán opciones de formato rápido. Puedes verlas todas en la pestaña o cinta de opciones Inicio, que ya conoces de otras aplicaciones.

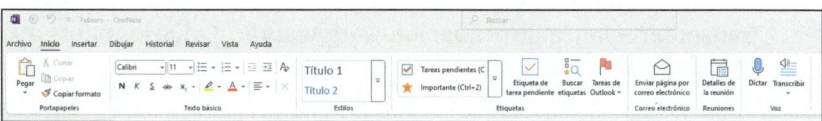

Herramientas en la cinta de opciones Inicio

CONSEJO

Una de las herramientas de formato que quizás no has utilizado mucho y que es de gran utilidad es la herramienta **Etiquetas.** Añade etiquetas con iconos, marcas de color o incluso la Etiqueta de tarea pendiente, para entender mejor tus notas, para ir a tiro hecho a un dato o para que otros usuarios con los que las compartas también puedan encontrar lo que buscan fácilmente en un golpe de vista.

También puedes escribir notas a mano alzada si tienes un dispositivo que lo permita (tableta, móvil o portátil con entrada para lápiz). Haz clic sobre la página o despliega **Dibujar** y define todas las características: utiliza distintos tipos de lápices o rotuladores, apóyate en una regla para hacer líneas derechas o pon un fondo de cuadros o líneas para ayudarte a escribir a mano si te es más sencillo en **Dibujar → Editar → Dar formato al fondo.**

5.2. Notas a partir de archivos de audio

Puedes escribir notas con la voz. Haz clic en **Inicio → Dictar** para utilizar un micrófono o dispositivo con entrada de audio y empieza a dictar lo que quieres que aparezca en la nota. Verás que, simultáneamente, el texto empieza a escribirse.

También puedes subir un archivo de audio y pedir a *OneNote* que lo transcriba para que aparezca como una nota desde **Inicio → Transcribir → Transcribir → Iniciar la grabación/Cargar audio.** Sigue los pasos que te va marcando *OneNote,* que es bastante intuitivo.

SABÍAS QUE...

Puedes hacer ajustes de idioma a la hora de transcribir un audio. Ve a la rueda dentada de configuración de la barra que aparece cuando escoges **Transcribir** y despliega **Idioma hablado.** También puedes marcar, si deseas, Habilitar la puntuación automática o si quieres que filtre frases no permitidas. No es perfecto, pero es bastante ajustado a lo que se quiere transcribir.

5.3. *OneNote* en dispositivo móvil

Como ya sabes, esta aplicación es multidispositivo. Podrás usarla en todos tus dispositivos y el uso suele ser parecido, aunque las interfaces cambian, ya que se adaptan a las dimensiones, requerimientos y resoluciones de cada dispositivo, así como al modo de usarlo, sea táctil o no, etc.

NOTA

Si no la tienes, puedes ir a la tienda de aplicaciones y descargarla. Una vez que vayas a iniciar sesión, deberás introducir los datos de acceso que ya usas en el resto de los dispositivos asociados a tu cuenta de *Microsoft 365*.

En el móvil, trabajarás en línea para no gastar recursos. Una vez que accedes a la pantalla de inicio, podrás ver un listado con los blocs de notas. Haz clic en cualquiera de las notas para consultarla o editarla, o haz clic en el botón + para añadir una nueva nota.

Puedes darle características de formato y hacer clic en los tres puntitos para forzar la sincronización y ver los cambios en otros dispositivos automáticamente. Es una aplicación bastante intuitiva si sabes manejarte con dispositivos móviles.

Insertar texto y objetos en una página de OneNote desde el móvil

PARA SABER MÁS

Puedes ver, en este artículo, los pasos iniciales para utilizar *OneNote* en tu dispositivo móvil. Accede desde aquí.

https://redirectoronline.com/adgg210301

6. Agregación de objetos a notas

👉 HILO CONDUCTOR

Almudena quiere aprender a incluir vídeos y algunos enlaces a las notas, sobre todo para que, cuando la comparta con otros compañeros, puedan consultar también los documentos a los que hace referencia. También quiere saber cómo se dejan notas de audio en las páginas.

Una de las ventajas sobre las notas de *OneNote* es que pueden enriquecerse con documentos, archivos de audio, vídeos, resaltados, etc., de forma que va más allá que un simple *post-it*.

Existen algunos elementos básicos que puedes insertar: tablas para datos, marcas de tiempo con fecha y hora, e incluso puedes añadir algún *sticker*. Todo esto te ayuda en la creación de la nota en cuanto a su contenido y a su estructuración. Junto con las herramientas de formato comentadas, te permite hacer las notas más visibles e incluso a añadir opinión o *feedback* con emoticonos.

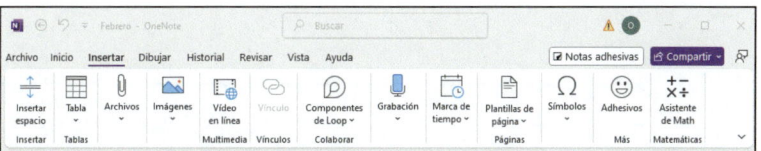

Pestaña o cinta de opciones Insertar

Agrega objetos externos al propio *OneNote* para tener en un único sitio las notas, las referencias, los comentarios, el archivo al que se refiere, las opiniones, etc. Puedes saber un poco más de estos objetos a continuación:

- **Archivos:** puedes añadir un archivo al que hagas referencia en la nota o que se deba consultar. Puedes añadirlo como un adjunto o como una copia del mismo. También se incluye la opción de añadir una tabla de *Excel,* existente o nueva. Nada que ver con la tabla que sería crear una cuadrícula en el propio *OneNote.*
- **Imágenes:** puedes añadir una imagen que tengas en tu dispositivo o de internet, y también puedes hacer una captura de pantalla, que es muy útil si estás en una reunión, por ejemplo, y se quiere comentar algo que se está compartiendo.
- **Vídeos:** puedes insertar un vídeo que se encuentre en internet, añadiendo su enlace.
- **Grabaciones:** pueden ser de audio, como ya se ha comentado a la hora de hacer transcripciones, o de vídeo.
- **Vínculos:** puedes añadir un vínculo a un enlace de internet externo, o bien a una página concreta de *OneNote* a la que quieras hacer referencia, para que se pueda ir a ella desde la que estás creando.

Ve a **Insertar** y haz clic en el archivo que quieras insertar. Sigue los pasos que te pide para indicar la ruta o el sitio donde se encuentra el objeto.

 IMPORTANTE

Es importante que sepas que, si vas a utilizar objetos de internet (como imágenes, vídeos o audios, etc.), debes tener en cuenta la propiedad de dicho objeto. Habrá unas condiciones de licencia que deberás leer para saber si tienes los permisos para su uso. En este caso, puedes filtrar las imágenes para disponer únicamente de las que tengan licencias *Creative Commons.*

Continúa en página siguiente >>

<< Viene de página anterior

Aplicar licencia Creative Commons a la búsqueda de imágenes

 TAREA 6

Almudena está tomando notas en la reunión de julio y se ha hablado de unas fotos concretas que deberían aparecer en los catálogos de los próximos viajes. Decide añadir esas fotos a las notas, para que todo el mundo las tenga accesibles cuando comparta la nota. Una de las fotos la tiene en su portátil, porque se ha elegido una que ella buscó, pero otra debe buscarla en internet, ya que debe aparecer la Torre Eiffel en blanco y negro.

---

7. Aplicación de formato

 HILO CONDUCTOR

Almudena ya sabe lo básico a la hora de crear notas y de insertar otros objetos externos. Ahora quiere poder conseguir un formato de notas atractivo, que resalte la información importante, etc.

Las notas funcionan como cuadros de texto a los que puedes asignar formato (negrita, subrayarlos con marcador o incluso utilizar estilos predefinidos).

 **EJEMPLO**

Asigna estilos predefinidos para que tengan más impacto y eficacia. Selecciona el texto que deseas cambiar (por ejemplo, un título) y ve a **Inicio → Estilos → Título 1.** Haz la misma operación para un subtítulo o un cuerpo de texto.

Podemos asignar tipo de letra, color, tamaño, etc., pero también podemos aplicar opciones a párrafos en cuanto a interlineados o alineación; o crear listados con números o con viñetas. Todas estas opciones se encuentran en la cinta de opciones **Inicio.**

Debes saber que puedes aplicar también estilos de plantilla a tus notas. Haz clic en **Insertar → Plantillas de página** para elegir qué plantilla tendrá tu página de notas. Puedes escoger alguna de las que vienen resaltadas, o hacer clic en **Plantilla de página** para navegar entre las opciones. Este tipo de formato, asignado a páginas de una misma sección, por ejemplo, te puede ayudar a reconocer en cuál estás trabajando según la temática.

 SABÍAS QUE...

Puedes personalizar una página, por ejemplo, con un fondo, un estilo de texto, algún dibujo que quieras, etc. y guardarla como plantilla haciendo clic en **Insertar → Plantillas de página → Plantillas de página → Guardar la página actual como plantilla.** Te pedirá asignar un nombre. De este modo, cuando abras el menú para ver qué plantilla escoges al crear una nueva página, despliega la sección Mis plantillas y escógela para que se aplique.

Al asignar un nombre a la plantilla, observa que puedes marcar que sea la plantilla predeterminada para todas las páginas de esta sección, lo cual es práctico porque, probablemente, todos los documentos lleven la misma presentación.

8. Compartición y organización

 **HILO CONDUCTOR**

Almudena quiere estar segura de los pasos a seguir a la hora de compartir un documento y, sobre todo, quiere conocer bien el tema de los permisos y de quién puede acceder a cada página de notas o bloc antes de usarlo.

Como en el resto de las aplicaciones, en *OneNote* puedes compartir las notas en tiempo real o para consultarlas en otro momento, facilitando el trabajo en equipo y haciendo los procesos más eficientes y productivos. Debes saber que el archivo deja de ser privado, y debes ser organizado.

8.1. Compartir blocs de notas

Haz clic en **Compartir → Administrar acceso → Compartir** y añade los correos electrónicos de los usuarios que podrán acceder a tus notas y los permisos correspondientes.

 **RECUERDA**

Tal y como ocurría en otros documentos colaborativos y en archivos subidos a *OneDrive*, si despliegas el icono del lápiz, podrás definir qué puede hacer ese usuario.

Si optas por la opción **Copiar vínculo al bloc de notas** para enviarlo a algún usuario por correo electrónico, por ejemplo, debes saber que si lo reenvía la otra persona también podrá acceder, a no ser que hayas definido los permisos para esto. Haz clic en **Configuración,** que aparece cuando copias el vínculo, y determina para quién va a funcionar este vínculo. Puedes marcar **Solo las personas con acceso existente** o elegir personas concretas, para asegurar esa privacidad.

8.2. Compartir página por correo electrónico

Compartir notas en una reunión es muy útil en el momento y una vez finalizada, a modo de acta. Los demás usuarios podrán aportar comentarios, añadir referencias o imágenes, etc., por lo que debéis ser organizados y definir el flujo de trabajo para no generar distracciones.

Una vez terminada la reunión, puedes enviar esa página por correo electrónico a los asistentes y a los no asistentes. Haz clic en **Compartir → Enviar copia de página por correo electrónico.** Te abrirá *Outlook,* con el que se integra *OneNote,* y aparecerá esta nota como una imagen en el cuerpo de correo; solo tendrás que añadir a los usuarios que quieres que la reciban y enviarla.

NOTA

Si quieres, puedes crear un PDF para enviar como archivo adjunto. Para esto, puedes hacer clic en Archivo → Imprimir PDF y hacer la operación de adjuntar al correo tal y como lo haces para cualquier otro documento.

APLICACIÓN PRÁCTICA

Almudena necesita compartir unas notas con otros compañeros, pero no sabe muy bien cuál es la mejor fórmula para hacerlo. Básicamente, necesitará enviar una copia de las notas que se han tomado a los compañeros que están ausentes, a mero título informativo, sin necesidad de que tengan que editar o colaborar en nada; de hecho, la reunión ya habrá terminado. ¿Cuál sería la mejor forma de hacerlo?

Solución

Si el objetivo es únicamente informar y que, en caso de dudas o sugerencias, se comuniquen en la próxima reunión o con la persona correspondiente, la opción más recomendable es enviar la página por correo electrónico.

8.3. Organización de los blocs de notas

Un bloc de notas puede tener tantas secciones como necesites. Y estas secciones, a su vez, pueden tener tantas páginas como quieras, cuya extensión es infinita. Puedes usar los criterios de blocs, secciones y páginas como prefieras, separar temas de trabajo en blocs, o un solo bloc para temas de trabajo y allí serán secciones las que se dividan por temas, etc. Pero es importante que sigas un criterio a la hora de tenerlo ordenado; si no, se convertirá en un espacio de mucha información donde no podrás consultar nada.

 CONSEJO

Es importante que los nombres que asignes a blocs, secciones y páginas sean claros y concretos. Puedes asignar criterios de color tanto a blocs como a secciones, que también será de ayuda a la hora de ordenar e identificar.

Grupos de secciones

Ten en cuenta que, cuando tienes muchas secciones dentro de un bloc, puedes optar por crear grupos de secciones relacionadas.

Carpeta con separadores, similar al funcionamiento de las secciones de un bloc de notas.

SABÍAS QUE...

Puedes establecer las secciones en la parte superior de la pantalla y que se distribuyan en todo el ancho; así se parecerá aún más a los separadores de carpetas físicas. Haz clic en **Vista → Diseño de pestañas → Pestañas horizontales.** Observa cómo cambia la pantalla. Puedes usar la que te sea más cómoda. Siempre puedes volver a la anterior escogiendo **Pestañas verticales.**

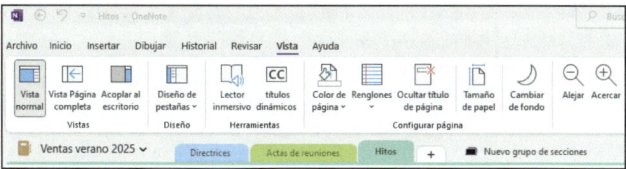

Pestañas horizontales

Puedes reorganizar tanto las secciones como las páginas haciendo clic sobre ellas y, sin soltar, moviéndolas hacia la posición que quieras. De igual modo, si una página la arrastras al interior de otra del listado, se creará una **Subpágina.**

Etiquetas

Asigna etiquetas a las distintas páginas para hacer más sencillo el entendimiento al resto de los usuarios con quienes compartas información. Recuerda que esto podías hacerlo desde **Inicio → Etiqueta** y escogiendo una del listado. Suelen ser de mucha utilidad los recuadros de color para identificar también las páginas por temas en un solo golpe de vista. También puedes personalizar etiquetas escogiendo del desplegable **Personalizar etiquetas.** Asigna un nombre concreto y claro y define el símbolo y los colores de los desplegables. Al aceptar, ya podrás utilizar también esta etiqueta.

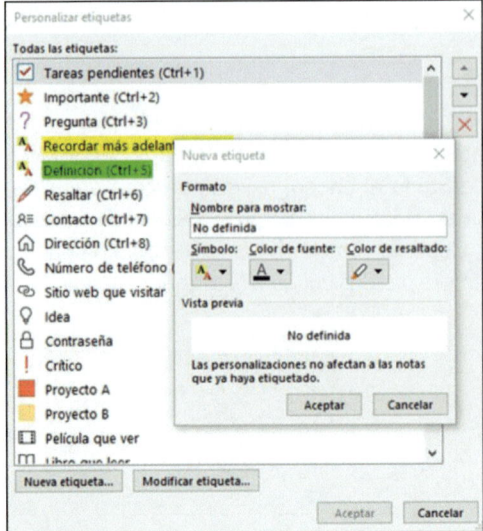

Personalizar etiqueta

9. Mejores prácticas con *OneNote*

☞ HILO CONDUCTOR

Almudena ya sabe manejarse en *OneNote* y piensa que hacerlo más rápido y con menos dudas es cuestión de práctica. Pero lo que sí se plantea es aprender un poco más sobre buenas prácticas para el uso de *OneNote*, para ser más productiva.

Puedes adaptar *OneNote* a tu forma de trabajar o, si realizas trabajo colaborativo, a la forma de trabajar de tu equipo. Estableced unas premisas a la hora de tomar notas y organizadlas de forma que sea sencillo entenderlas por parte de todos los usuarios.

Equipo de trabajo para establecer directrices del uso de blocs compartidos

Existen una serie de buenas prácticas que debes tener en cuenta a la hora de hacer un uso eficiente de esta aplicación infinita. Para ser productivo en *OneNote* es fundamental tener las notas organizadas.

Algunas de las buenas prácticas más importantes son:

➲ **Configuración jerárquica:**

○ **Secciones, páginas y subpáginas:** nuestro cerebro funciona con esta organización, de más general a más concreto, de mayor a menor; por lo tanto, usa este tipo de estructura para subdividir la información.
○ **Grupos de secciones:** cuando tengas muchas secciones, unifícalas por temáticas.

➲ **Clasifica y marca contenidos:**

○ **Etiquetas:** asigna etiquetas para reconocer en un golpe de vista las páginas en el listado, o el estado en el que se encuentran (si hay un trabajo pendiente de terminar, si está resuelto, etc.).
○ **Códigos por color:** puedes asignar colores por temas, por departamentos o también dependiendo de la fase en que se encuentren.
○ **Formato claro:** ayuda a leer a todos los usuarios sin distracciones.
○ **Usa plantillas personalizadas:** puedes generar plantillas para las distintas páginas para que los propios usuarios asocien esos diseños, pero también de cara a enviar dichas páginas a clientes, etc.

⊃ **Enlaza:**

- ○ **Unas notas con otras:** puedes hacer que de una nota se vaya puntualmente a consultar otra nota que amplíe esa información o que detalle algo, sin hacer el contenido repetitivo entre varias notas.
- ○ **Con webs:** enlaza las webs que necesites consultar en ese momento para ilustrar algo de lo que estás hablando.
- ○ **Con otros documentos de la nube:** puedes aprovechar y enlazar los archivos a los que se hace referencia, evitando duplicarlos o tener problemas de versiones.

⊃ **Utiliza la búsqueda:** usa la búsqueda en tus documentos siempre que puedas. Ten también en cuenta que otros van a usarla en tus documentos, así que debes ser claro con los nombres, textos, etc.

⊃ **Asegúrate de sincronizar:** si trabajas *offline,* en tu versión de escritorio, asegúrate de sincronizar para que otros usuarios o tú mismo en otros dispositivos tengáis la última versión.

10. Resumen

OneNote es la aplicación definitiva para tomar notas, ya que va más allá de simplemente anotar algo y dejarlo en un lugar visible. Estas notas pueden organizarse, pueden compartirse y pueden editarse y leerse de forma simultánea por diversos colaboradores.

Puedes tomar las notas con nuestro dispositivo y el teclado, pero también de forma manual si el dispositivo permite la entrada con un lápiz digital, o incluso con dictado por voz. Además, se pueden incluir otra serie de documentos para completar las notas, que sirven de referencia, de consulta, o incluso se pueden enlazar otras notas anteriores o complementarias, de forma que se hace el trabajo mucho más eficaz y productivo con menos pérdida de tiempo en consultas, en buscar documentos o en generar documentos repetitivos y cometer errores.

Puede llegar a ser una aplicación infinita, donde puedes no encontrar nada tú mismo o hacer que tus compañeros pierdan tiempo intentando entender todas las notas, si no se es muy ordenado. Sigue bien la jerarquía de la información o incluso crea un pequeño libro de estilo para el uso de esta herramienta en la empresa.

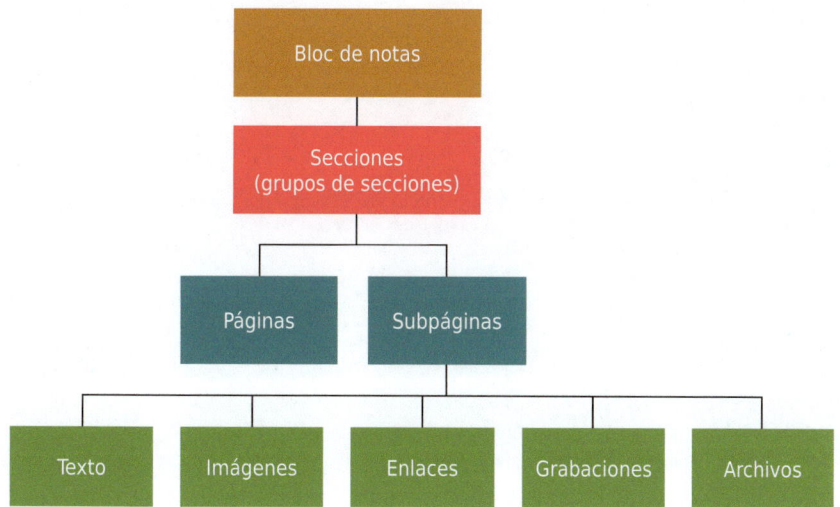

Ejercicios de autoevaluación
Unidad de Aprendizaje 3

1. ¿Puedes escribir una nota a mano en *OneNote?*

a. No tiene esa funcionalidad, solo puedes hacerlo con el teclado del dispositivo.
b. Sí, puedes hacerlo si tu dispositivo lo permite.
c. Sí, pero solo si ya has escrito texto con tu teclado previamente.
d. Sí, pero únicamente para anotar sobre imágenes.

2. Para buscar una información que apuntaste en alguna nota, debes:

a. Acordarte de en qué parte fue, porque no hay otra forma de buscarlo.
b. Realizar una búsqueda por texto y te marcará la página donde se encuentra.
c. Debes haber sido ordenado a la hora de anotarlo, para poder buscarlo en la estructura de páginas de la izquierda.
d. Todas

3. ¿Debes guardar el archivo para que otros compañeros puedan ver los cambios en tus notas si estás trabajando en línea?

a. No, si estás trabajando en línea se guarda automáticamente.
b. Sí, claro. Si no, nunca verán lo nuevo que estás añadiendo. Haz clic en Archivo → Guardar.
c. Sí, pero solo al terminar de editarlo. En cualquier caso, nadie podrá entrar hasta que tú salgas.
d. Solo si tienes el archivo con permisos de edición.

4. ¿Qué puedes crear nuevo desde tu bloc de notas?

a. Páginas nuevas
b. Secciones nuevas
c. Grupos de secciones
d. Todas las opciones son correctas.

5. ¿Cómo puedes diferenciar visualmente de forma rápida las secciones si las tienes en posición horizontal encima de la página que estás editando?

    a. Debes asignarles un color representativo.
    b. Es más fácil diferenciarlas si están en posición vertical a la izquierda de la pantalla.
    c. Solo por el nombre, así que debes ser claro y conciso.
    d. Todas las opciones son incorrectas.

6. Determina si la siguiente oración es verdadera o falsa: "Si no escoges la opción Invitar personas cuando creas un bloc de notas, ya no podrás compartirlo más adelante".

    ■ Verdadero
    ■ Falso

7. ¿Qué imágenes puedes insertar en una nota?

    a. Solo las que tengas en el dispositivo en ese momento
    b. Capturas de pantalla
    c. Imágenes de internet
    d. Todas las opciones son correctas.

8. ¿Cómo se llama la opción para agrupar algunas secciones sobre el mismo tema para que no ocupen demasiado espacio en las pestañas?

    a. Etiquetas
    b. Grupo de secciones
    c. Grupo de páginas
    d. Diseño de pestañas horizontales

9. Determina si la siguiente oración es verdadera o falsa: "Puedes decidir si quieres que un usuario pueda modificar alguna de las notas que compartas con él":

    ■ Verdadero
    ■ Falso

10. **Determina si la siguiente oración es verdadera o falsa: "Puedes enlazar una nota antigua en una nueva nota si quieres consultar algún dato desde la nueva":**

- ■ Verdadero
- ■ Falso

SharePoint 365

Contenido

Objetivos

El objetivo general de esta Unidad de Aprendizaje es:

→ Utilizar la aplicación *SharePoint* para colaborar y gestionar la documentación de forma eficiente en la empresa.

Los objetivos específicos de esta Unidad de Aprendizaje son:

→ Acceder a la aplicación *SharePoint*.

→ Crear un sitio de equipo.

→ Crear un sitio de comunicación.

→ Personalizar un sitio con el uso de plantillas y elementos web.

→ Crear y utilizar listas y bibliotecas de documentos.

→ Compartir y sincronizar archivos en *SharePoint*.

→ Entender las diferencias de uso entre *OneDrive* y *SharePoint*.

1. Introducción

Dentro de la *suite* de *Microsoft 365* se puede encontrar una aplicación más específica para la productividad de la empresa en todo lo que tiene que ver con la gestión documental o el trabajo colaborativo o en equipo.

Un equipo de trabajo va a ser más eficaz si tiene localizado todo documento que le puede hacer falta, si sabe dónde y cómo encontrarlo. Esto pasa por haberlos creado, ordenado y gestionado correctamente.

Por otro lado, tener espacios de trabajo compartidos o, simplemente, pequeños espacios de relación e interactuación con otros compañeros, aunque virtuales, es muy beneficioso para el ambiente laboral y para el estado de ánimo del trabajador. Esta funcionalidad también la cubre *SharePoint,* que permite crear estos espacios a modo de intranet.

Almudena se ha incorporado a una empresa con muchos trabajadores y muchas sucursales repartidas por distintos puntos geográficos, y necesita poder acceder a documentos constantemente que son iguales y necesarios para todos. Por esto, cree que mantener una comunicación fluida con otros compañeros y poder recurrir a documentos almacenados de forma sencilla y eficaz también es la clave de que su trabajo sea más productivo.

2. Introducción a *SharePoint*

 HILO CONDUCTOR

Almudena quiere saber qué es *SharePoint.* Escucha a sus compañeros de trabajo hablar constantemente de subir documentación o de acceder a esa aplicación, pero aún no sabe para qué debe utilizarla.

- -

SharePoint es una herramienta más de las aplicaciones contenidas en *Microsoft 365* encaminada a la productividad del trabajo en equipo, que fomenta espacios de colaboración y hace más sencillo el intercambio de documentos.

La otra pata fundamental de la funcionalidad de *SharePoint* es **la gestión documental.** Básicamente, permitirá tener la documentación almacenada y organizada, y garantizará un acceso seguro.

Por lo que se ha descrito hasta ahora, podría parecer una herramienta similar o muy parecida a *OneDrive,* que ya conoces. Ambos son servicios de almacenamiento en la nube, pero sus finalidades son diferentes:

SharePoint	*OneDrive*
- Diseñada para el trabajo en equipo y colaboración: todas sus funcionalidades hacen más sencillos y productivos los procesos. - Configura permisos, versiones y alertas para archivos y sitios. - Permite crear informes y paneles de control para los distintos archivos y actividad que tiene lugar en sus sitios.	- Originalmente es un almacenamiento personal que permite compartir y colaborar: su uso se ha hecho extensivo a equipos de trabajo y es perfectamente funcional aunque, al no estar diseñado para ello, presenta menos opciones de gestión y personalización que otras plataformas como *SharePoint.* - Configura permisos y versiones para archivos individuales. - Permite saber qué actualizaciones se han realizado en un documento o archivo, accediendo al panel de control o a cada archivo, pero de forma menos exhaustiva que *SharePoint.*

 CONSEJO

Es cierto que también puede utilizarse *OneDrive* para un uso empresarial, pero será un uso más básico de almacenamiento de archivos y de compartirlos con otros usuarios.

Para un mejor seguimiento del proceso de los archivos, para un mejor control de accesos o, incluso, para obtener informes, es mucho más aconsejable utilizar *SharePoint.*

3. Primeros pasos con *SharePoint*

☞ **HILO CONDUCTOR**

Almudena quiere saber cómo acceder a *SharePoint* ya que, por más que busca en la barra de búsqueda de su sistema operativo, no es una aplicación que tenga *a priori* instalada y parece que tendrá que hacerlo todo *online*.

Accede a *SharePoint* tal y como lo has hecho hasta ahora, desde www.microsoft365.com.

Aplicación SharePoint en Microsoft 365 en línea

NOTA

SharePoint se puede instalar en un ordenador o en un servidor de la empresa, pero debe hacerlo personal especializado, ya que es algo más complicado: habría que configurarlo y administrarlo. No es lo recomendado a nivel usuario.

Ve a la página **Aplicaciones → *SharePoint.*** Una vez que accedas, verás que todo gira alrededor de los sitios: podrás crear un sitio nuevo o unirte a alguno existente, y podrás realizar determinadas acciones, como:

- **Crear o acceder a un sitio:** puedes crear sitios para la colaboración entre equipos de trabajo o incluso sitios para la comunicación interna. Siempre podrás ver en *SharePoint* algunos sitios destacados en **Sitios frecuentes, Siguiendo, Sugeridos,** etc., o buscarlos con la barra de búsqueda.
- **Almacenar y gestionar documentos:** puedes guardar y organizar los archivos y, además, compartirlos con otros usuarios, controlando permisos, versiones y accesos.
- **Crear o acceder a listas:** consulta, añade o utiliza datos ordenados en listas, que pueden ser accesibles y compartidas por todos los usuarios.

⊃ **Crear o acceder a bibliotecas de documentos:** utiliza espacios de almacenamiento de archivos de forma ordenada para tener acceso a ellos desde cualquier sitio y en cualquier dispositivo.

⊃ **Colaborar con otros usuarios y equipos:** colabora en tiempo real con otros usuarios, gestiona tareas y controla permisos y versiones de los documentos.

⊃ **Automatizar tareas:** puedes llegar a tener algunas tareas automatizadas y personalizadas a nivel de administradores de empresa.

4. Sitios

 HILO CONDUCTOR

Almudena escucha hablar de una web interna, donde todos los compañeros están al tanto de una serie de noticias y comunicaciones por parte de la directiva de la empresa. No sabía a qué se referían hasta que ha entendido que con *Share-Point* se pueden crear sitios de información para la empresa de forma general, además de espacios de trabajo de equipos o departamentos.

SharePoint se compone de sitios o espacios donde el usuario puede trabajar en línea y compartir información o documentos con otros usuarios de su empresa.

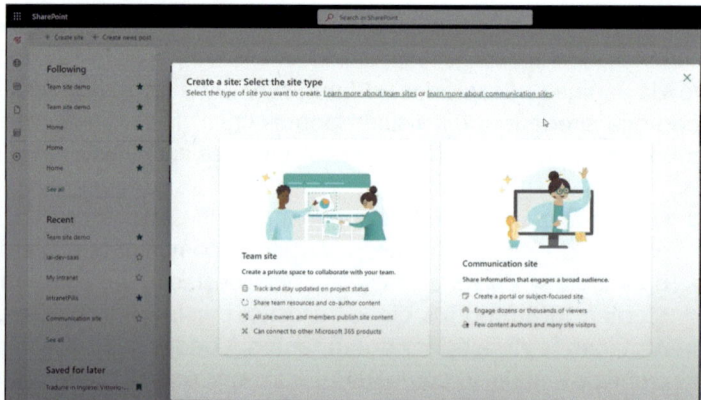

Crear sitio en SharePoint

Existen dos tipos principales de sitios que, además, son los que *SharePoint* te da a elegir cuando haces clic en **Crear sitio:** sitio de equipo y sitio de comunicación. El primero de ellos facilita la colaboración entre personas que realicen tareas o proyectos conjuntamente, mientras el segundo va más encaminado a difundir la información a toda la empresa u organización.

 **DEFINICIÓN**

Intranet
Red informática privada y segura dentro de una empresa u organización donde se comparte información, recursos, etc. Es como un "internet" interno de la empresa al que solo accede personal que está autorizado.

SharePoint permite crear este tipo de espacios privados y seguros de forma sencilla e intuitiva, favoreciendo la comunicación interna, la colaboración, la gestión de contenido, etc.

4.1. Crear un sitio

Una vez que haces clic en **Crear sitio** y escoges el tipo de sitio que quieres, deberás seguir los pasos que el asistente pedirá: nombre del sitio, descripción, configuración de privacidad (público o privado). También te pedirá decidir qué miembros y en calidad de qué podrán acceder.

Podrás escoger entre alguna de las plantillas que, posteriormente, podrás cambiar desde la rueda dentada → **Aplicar una plantilla de sitio.** Finalmente, termina el proceso haciendo clic en **Crear sitio.**

 CONSEJO

A veces las plantillas no se terminan de ajustar a lo que necesitas para tu empresa. Escoge el documento en blanco para trabajar sobre él y utiliza elementos web de una forma muy sencilla para adaptarlo a las necesidades de tu organización.

PARA SABER MÁS

Puede que aún te resulte algo abstracto el concepto de sitio aplicado a tu empresa, más allá de una página web como tal. Puedes ver algunos ejemplos de sitios de *SharePoint* que probablemente te ayuden a terminar de entender sus posibilidades. Accede desde aquí.

https://redirectoronline.com/adgg210401

 TAREA 7

Almudena quiere crear un sitio web para el personal de su empresa con motivo de un programa de descuentos para empleados. El espacio que creará será para informarles de las bases para inscribirse y de todas las noticias relacionadas, incluso podrán acceder a formularios para seleccionar o reservar las estancias. ¿Cómo se crearía este espacio al que Almudena ha decidido llamar "Viajes para agentes de viajes"?

4.2. Privacidad de un sitio de *SharePoint*

Los sitios de *SharePoint* pueden ser públicos (cualquier persona dentro de la empresa y organización puede acceder) o privados (solo los miembros del sitio concreto pueden acceder). Los administradores de los sitios pueden controlar quién accede y qué puede hacer: solo leer, editar, etc.

Esta privacidad se gestiona al crear un sitio de equipo o, una vez dentro, desde el icono de rueda dentada → **Permisos del sitio.**

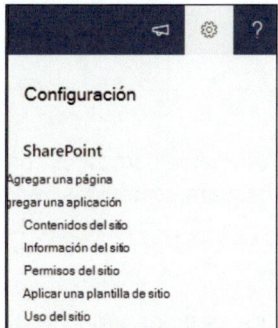

Asignar los permisos del sitio

Añade el nombre de la persona o grupo a quien quieres dar permiso y acepta; habrás definido qué pueden hacer. Puedes saber un poco más sobre los permisos a continuación:

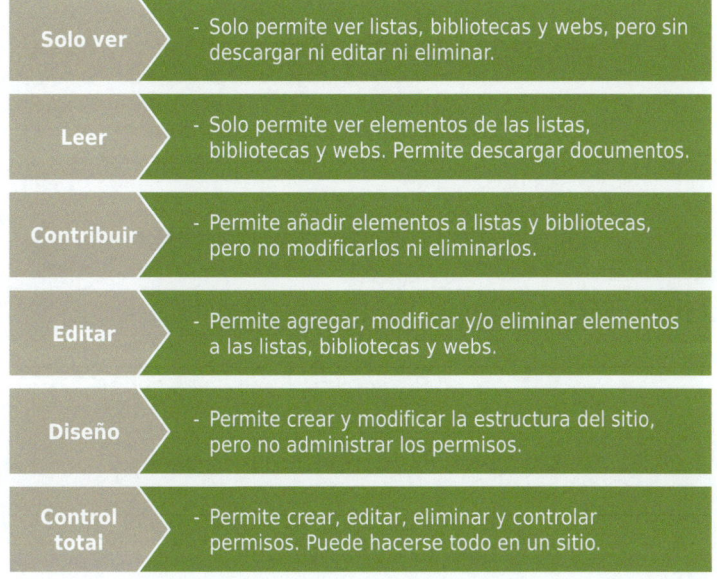

IMPORTANTE

Los permisos pueden otorgarse para sitios completos, pero también para sub-sitios o, dentro de estos, para contenidos de forma independiente.

Puedes crear grupos de usuarios según los roles que tengan en tu empresa y asignar fácilmente estos permisos por grupos. Te los enumeramos aquí:

Visitantes

Son usuarios que pueden ver páginas y otros contenidos, pueden usar la búsqueda, pero no pueden crear, modificar ni eliminar nada.

Lectores

Son usuarios como los visitantes que, además, pueden descargar archivos y documentos y crear alarmas.

Miembros

Pueden editar el sitio de *SharePoint*.

Propietarios

Son aquellos usuarios con control total del sitio.

APLICACIÓN PRÁCTICA

Almudena necesita compartir algunos documentos de ventas con algunos compañeros de otro departamento que, básicamente, analizarán los datos y sacarán patrones para las próximas campañas de *marketing.*

Continúa en página siguiente >>

<< Viene de página anterior

A *priori*, no necesita que estos compañeros puedan introducir datos ni cambiar algunos datos existentes; de hecho, no es aconsejable. Solo necesita que puedan estar informados y actualizados cada vez que estos datos o informes cambien. Quiere añadir a estos compañeros a uno de los grupos existentes en *SharePoint* (Visitantes, Lectores, Miembros y Propietarios) para controlar su acceso y permisos, ¿en qué grupo los añadirías?

Solución

La opción Miembros y Propietarios no es correcta, ya que en ningún caso Almudena necesita que un departamento que no es el suyo pueda editar datos. La duda se puede producir a partir de ahí en los matices que hay diferentes entre la Visitantes y Lectores.

En este caso, la opción Visitantes solo permitirá que vean los datos y usen la búsqueda, pero no podrán editar. Este permiso ya podría estar bien, pero si pensamos en que tienen que poder trabajar con estos datos, quizás sea interesante poder descargarlos. Y si, además, escogemos la opción Lectores, además podrán tener alertas con notificaciones sobre si estos datos se modifican o amplían. Por lo que esta última (opción Lectores) parece la más adecuada para este caso.

----

5. Elementos web en páginas de *SharePoint*

 HILO CONDUCTOR

Almudena ha pensado que no sabría enfrentarse a la creación de un sitio en *SharePoint* y es probable que le pidan hacerlo. Querría saber cómo hacerlo y cómo se añadirían elementos que cubriesen las necesidades.

Una vez que creas tu sitio en *SharePoint,* o que accedes con permiso para editar y diseñarlo, puedes crear su estructura y su contenido gracias al uso de elementos web. Esto no son más que bloques modulares de distintos tipos: imágenes, textos, archivos, etc., que puedes crear, editar o mover a distintas zonas de la página.

Para trabajar en tu sitio, debes tener activado el modo **Edición** en la parte superior derecha de tu página y arrastrar los elementos de la derecha a tu zona de trabajo.

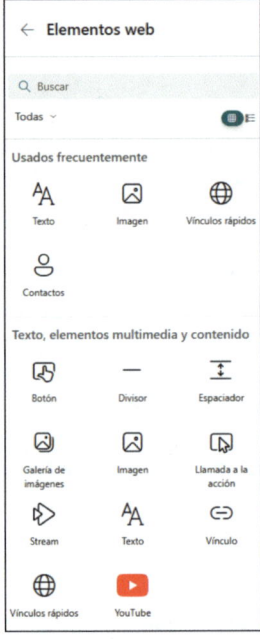

Elementos web en SharePoint

 **CONSEJO**

Este tipo de elementos variados permitirán crear un sitio muy rico y atractivo, aunque debes ser cuidadoso en utilizar cada elemento para su finalidad y no añadir elementos innecesarios que despisten o confundan al usuario, ya que lo importante es que siempre encuentre la información que busca.

PARA SABER MÁS

Puedes leer más sobre la creación y el uso de elementos web en *SharePoint* en el siguiente artículo. Accede desde aquí.

https://redirectoronline.com/adgg210402

Podrás mover estos elementos, editarlos o eliminarlos, y ver cómo va tu sitio desde **Versión preliminar.** Cuando ya hayas terminado, puedes hacer clic en **Publicar** y ya estaría visible para todas aquellas personas a las que dieras acceso o con quienes lo compartieses. Una vez publicado, puedes volver a editar y republicar cada vez que necesites actualizar o hacer una modificación.

VÍDEO

Puedes ver cómo se trabaja con elementos web en un sitio de *SharePoint* en el siguiente enlace. Accede desde aquí.

https://redirectoronline.com/adgg210403

ACTIVIDAD COMPLEMENTARIA

4. Crea un sitio web al que podrán acceder compañeros de departamento, no toda la empresa, con algunos catálogos de viaje a los que se podrá acceder a través de imágenes que representen cada tipo de viaje: urbanos, viajes a la playa y cruceros. Piensa cómo podrías hacer esta estructura teniendo en cuenta los elementos web existentes.

---

6. Listas

HILO CONDUCTOR

Almudena sabe que puede tener tablas de datos de clientes compartidas, a las que puede acceder y de las que puede obtener los datos que necesita. Lo que no sabía, y le parece un aporte interesantísimo para su forma de trabajar, es que también puede acceder a una biblioteca de documentos recopilados de utilidad para todo el departamento.

Entre las distintas herramientas para colaborar y gestionar información que encontrarás en un sitio de *SharePoint,* se encuentran las listas y bibliotecas de documentos.

DEFINICIÓN

Listas de elementos
En *SharePoint* no son más que listados de contenido estructurados en un formato de tabla, que te recordarán a *Excel.* Estas listas permiten compartir y organizar datos dentro de la empresa de manera eficiente.

Puedes crear una lista desde cero o utilizar alguna de las plantillas de que dispone *SharePoint* desde la parte superior de tu sitio → **Nuevo.** En todas aquellas páginas que has creado, o en las que tienes permiso del tipo **Control total,** te permitirá escoger la opción **Lista** y ya solo tienes que seguir el asistente.

 **VÍDEO**

Puedes ver con detenimiento cómo crear la estructura y editar los distintos campos de una lista en *SharePoint* en el siguiente vídeo. Accede desde aquí.

https://redirectoronline.com/adgg210404

Algunos ejemplos de este tipo de listas pueden ser: de contactos, de proyectos, de recursos, un inventario, eventos, encuestas, etc. Puedes trabajar con filas y columnas, aplicar filtros, personalizarlo como quieras (o usar plantillas) y colaborar con otros usuarios.

 IMPORTANTE

Debes tener en cuenta establecer y personalizar permisos para ver quién puede acceder y editar, y hasta qué nivel de edición se le puede asignar, no solo para asegurar la confidencialidad de datos, sino también para evitar posibles errores a la hora de contribuir o editar la lista.

6.1. Biblioteca de documentos

A diferencia de una lista de datos, una biblioteca almacena archivos. En este sentido, una lista muestra los datos en una tabla y una biblioteca muestra un listado con archivos que puedes visualizar o descargar.

DEFINICIÓN

Biblioteca de documentos
SharePoint es un espacio donde se almacenan, crean y comparten archivos con otros usuarios para trabajar de forma conjunta y, por supuesto, con acceso desde cualquier sitio y cualquier dispositivo, como no puede ser de otro modo al tratarse de una aplicación de *Microsoft 365.*

- -

Puedes crear una biblioteca de igual modo que lo hacías con las listas, desde **Nuevo → Biblioteca de documentos,** y siguiendo el asistente.

 SABÍAS QUE...

Puedes gestionar las bibliotecas de igual modo que haces con las listas, controlando accesos y permisos; y también puedes utilizar funcionalidades de seguimiento de cambios, de aprobación de documentos y de flujo de trabajo. Para ello, una vez que has creado esta carpeta, puedes hacer clic en la rueda dentada y hacer clic en **Configuración de la biblioteca.**

- -

7. Agregar aplicaciones

 **HILO CONDUCTOR**

Almudena no se hace a la idea de para qué puede usar *SharePoint* más allá del uso que ya le da en su departamento y para estar informada de las comunicaciones de la directiva a través de la intranet. No sabía que podía ampliar aún más sus funcionalidades añadiendo extras.

- -

Es una aplicación bastante amplia, de la que puede que solo uses algunas opciones a nivel de usuario, pero debes saber que existe la opción de hacerla más amplia aún.

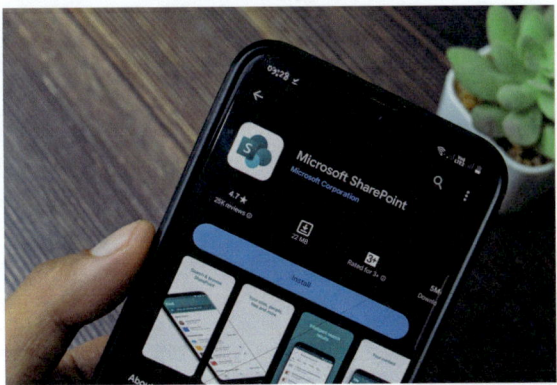

Instalar aplicaciones en SharePoint

Pueden añadirse aplicaciones ya creadas o pueden desarrollarse aplicaciones personalizadas para las necesidades de la empresa, para lo que deberás tener permiso de Control total, pertenecer a los propietarios o ser administrador. Es algo más especializado.

8. Compartición y sincronización

☞ HILO CONDUCTOR

Almudena ya conoce el funcionamiento de las herramientas de *Microsoft 365*, así que asume que en *SharePoint* también se comparte y se sincroniza el contenido con otros usuarios y con otros dispositivos.

Puedes elegir los usuarios con los que compartirás archivos y documentos, puedes dar permisos de distintos tipos para el acceso e, incluso, puedes compartir únicamente un vínculo de acceso concreto, permitiendo así que alguien ajeno a tu organización pueda acceder a determinada información, lista, biblioteca, etc. Siempre es fundamental que revises bien los permisos.

Una vez en la biblioteca, haz clic en el círculo para seleccionar un archivo o documento y haz clic en el botón **Compartir** de la parte superior de la pantalla. Elige usuarios y permisos de igual modo que ya has hecho en *OneDrive*.

8.1. Sincronización

SharePoint utiliza la aplicación *OneDrive* para sincronizar los archivos. Sitúate en el interior de la biblioteca que quieres sincronizar y haz clic en el botón **Sincronizar** de la barra de herramientas. También puedes hacer el proceso al revés, es decir, acceder a *OneDrive,* buscar la carpeta de *SharePoint* y escoger **Agregar a mi** *OneDrive.*

Podrás tener copia local de los archivos, trabajar con ellos sin conexión y volver a tenerlos actualizados cuando te conectes; o acceder a ellos desde cualquier dispositivo.

SharePoint en un dispositivo móvil

8.2. Alertas

En *SharePoint* puedes crear y configurar alertas o notificaciones que te avisan de los cambios que tienen lugar en tus listas o bibliotecas compartidas. Puedes personalizar qué tipo de alerta quieres tener y con qué frecuencia quieres ser notificado.

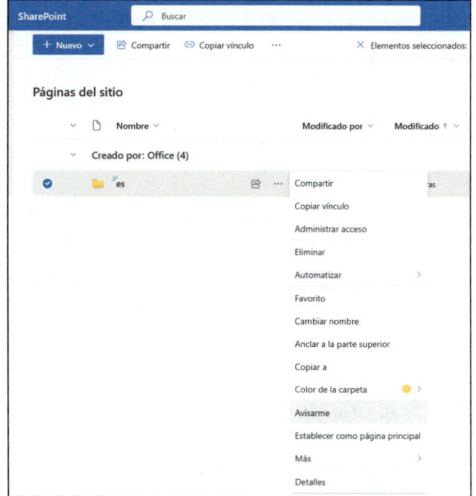

Seleccionar Crear aviso

Accede a tu lista o biblioteca desde donde quieres configurar la alerta y haz clic en los tres puntos a la derecha del objeto. Escoge **Avisarme** y configura la alerta.

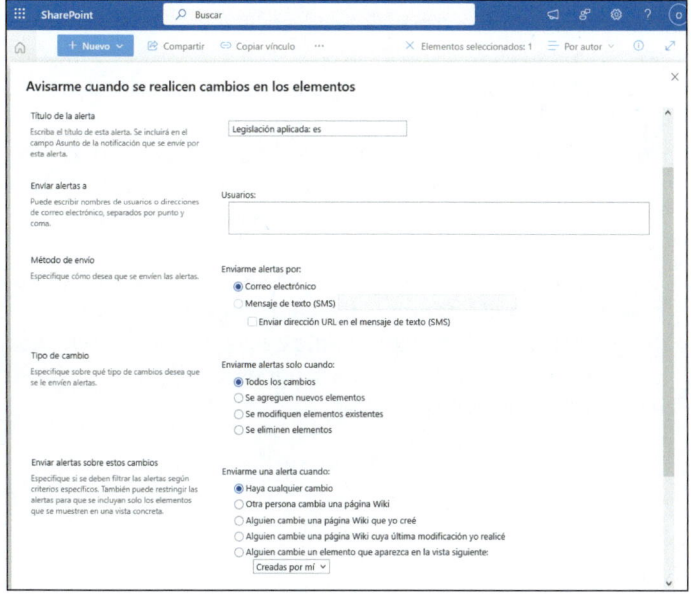

Configuración de una alerta en SharePoint

9. Mejores prácticas con *OneDrive* y *SharePoint*

☞ HILO CONDUCTOR

Almudena tiene algunas dudas a la hora de usar *OneDrive* y *SharePoint* para almacenar documentos. Le gustaría hacerlo de forma correcta y, sobre todo, que el resto de sus compañeros encontraran su aportación lógica y ordenada.

La mejor práctica al utilizar *OneDrive* y *SharePoint* es dar a cada uno el uso que le corresponde, teniendo en cuenta si se trata de un espacio personal o corporativo, el número de colaboradores (pocos o muchos) y si estos necesitan acceso ocasional o permanente a los documentos.

9.1. Mejores prácticas con *OneDrive* para el almacenamiento de documentos y archivos

Según las necesidades de almacenamiento y tipo de usuarios, opta por seguir las mejores prácticas de *OneDrive:*

- ⮑ Utiliza el guardado en la nube para poder acceder desde cualquier dispositivo y en cualquier lugar.
- ⮑ Sé organizado con las carpetas y documentos, que tengan una estructura lógica para ti y para las personas a quienes des acceso.
- ⮑ Personaliza los colores de las carpetas y pon nombres que sean sencillos de encontrar con el buscador.
- ⮑ Sé cuidadoso a la hora de dar permisos o mandar enlaces de acceso, ya que es tu espacio personal y estarás dejando acceder a otros usuarios. No olvides dejar de compartir una carpeta cuando ya no sea necesario.
- ⮑ Utiliza el historial de versiones si necesitas recuperar una versión previa a un cambio de algún usuario.

9.2. Mejores prácticas con *SharePoint* para el almacenamiento de documentos y archivos

Según las necesidades de almacenamiento y el tipo de usuarios, opta por seguir estos consejos para el uso de *SharePoint:*

- ⮑ Sé organizado y guarda archivos y documentos en bibliotecas, que sean fácilmente localizables y cuya estructura no sea muy compleja.
- ⮑ Añade descripciones, además de un nombre intuitivo, ya que será también el espacio de otros usuarios de tu misma empresa u organización.
- ⮑ Complementa el seguimiento de tus tareas o tus documentos con listas.
- ⮑ Utiliza alertas para estar al tanto de modificaciones y novedades en los documentos y archivos que almacenas y compartes con otros.
- ⮑ Utiliza los permisos y accesos para controlar quién ve o edita los documentos dentro de tu organización. Distribuye a los usuarios por grupos y será más efectivo segregar quién accede a cada carpeta.

Según las necesidades de almacenamiento y el tipo de usuarios, opta por seguir estos consejos para el uso de SharePoint.

9.3. Mejores prácticas a la hora de escoger si utilizar *OneDrive* o *SharePoint* para almacenar documentos

Si quieres tener un espacio principalmente para tus documentos personales, tus archivos y que, ocasionalmente algún otro usuario pueda acceder a verlos o incluso editarlos, *OneDrive* es tu espacio de almacenamiento.

Contrariamente, si la finalidad principal es tener una serie de documentos de forma pública compartidos con usuarios de tu equipo de trabajo o empresa, entonces debes utilizar *SharePoint*.

ACTIVIDAD COMPLEMENTARIA

5. Imagina que trabajas en la agencia de viajes de Almudena y que manejas una serie de documentos que quieres tener almacenados en la nube para poder acceder a ellos desde cualquier sitio. Pero no tienes claro si debes tenerlos en *OneDrive* o en *SharePoint.* Algunos de ellos son documentos personales de trabajo que raramente va a compartir con alguien, y otros son catálogos y tarifarios que los demás compañeros de su oficina y de otras ciudades deben tener siempre actualizados y a mano. ¿Qué criterios deberías considerar para decidir si un documento de trabajo se guarda en *OneDrive* o en *SharePoint?*

10. Resumen

SharePoint es una herramienta perteneciente a la *suite Microsoft 365,* orientada al trabajo en equipo en empresas u organizaciones, y encaminada principalmente a la productividad y la eficiencia.

Es posible que no hayas oído hablar de ella tanto como de otras aplicaciones de *Microsoft 365,* ya que tiene un uso algo más específico en empresas más grandes o que manejan grandes cantidades de documentos y necesitan ser eficientes en la gestión documental. Este espacio funciona con listas y bibliotecas de documentos que permiten tener organizados, a modo de repositorio, todos los archivos que los usuarios de dicha empresa o dicho equipo de trabajo van a necesitar. Serán accesibles desde cualquier dispositivo y desde cualquier lugar siempre y cuando tengan acceso a internet y los permisos adecuados para acceder.

Además, *SharePoint* permite tener espacios o sitios donde compartir no solo documentos y archivos, sino también información, espacios de relación, etc. con otros miembros de tu organización, a modo de intranet.

Sin duda es una herramienta muy potente y útil, cuya cualidad más importante es la de compartir y colaborar, pero para la que también es fundamental ser ordenado y cuidadoso con los documentos, ya que no debemos olvidar que es un espacio compartido.

Ejercicios de autoevaluación
Unidad de Aprendizaje 4

1. **¿Qué es realmente lo que *SharePoint* llama un sitio de comunicación?**

    a. Un servidor de correo electrónico
    b. Una página web de comunicación tipo intranet
    c. Un chat privado
    d. El sitio donde aparecen los contactos de la web

2. **Los sitios que se crean con *SharePoint* son páginas que todo el mundo puede encontrar en internet.**

    a. Sí, una vez que se publica ya no sabes quién puede acceder.
    b. No es cierto, son sitios para las empresas y deberás estar autorizado para acceder.
    c. No es cierto, pueden acceder solo los altos cargos de las empresas.
    d. No es cierto, pueden acceder solo los administradores de *SharePoint* de la empresa.

3. **¿Qué tipo de permiso puede añadir elementos a una lista, pero no modificarlos?**

    a. Contribuir
    b. Leer
    c. Diseño
    d. Control total

4. **¿Cómo puede personalizarse un sitio de *SharePoint*?**

    a. Utilizando plantillas predefinidas
    b. Escogiendo una página en blanco y haciéndola de cero
    c. Añadiendo elementos web que sirvan para lo que quieres transmitir
    d. Todas las opciones son correctas.

5. ¿Cuál es la diferencia entre una lista y una biblioteca de documentos?

    a. No hay diferencia: ambos casos son listados.
    b. La diferencia depende de si está creada en un sitio de equipo o de comunicación.
    c. La diferencia depende de si es pública o necesita permisos para acceder.
    d. La biblioteca de documentos almacena documentos, mientras que las listas solo datos.

6. Determina si la siguiente oración es verdadera o falsa: "Se pueden ampliar las funcionalidades de *SharePoint* mediante la instalación de más aplicaciones".

    ■ Verdadero
    ■ Falso

7. ¿Cuál de estas opciones permite un mayor control sobre quién puede acceder a una página?

    a. Compartir página.
    b. Copiar vínculo a la página.
    c. Las páginas siempre son públicas y no necesitan control de acceso.
    d. Todas las opciones son incorrectas.

8. ¿Para qué pueden utilizarse plantillas en *SharePoint?*

    a. Sitios de comunicación
    b. Sitios de equipo
    c. Listas
    d. Todas las opciones son correctas.

9. Determina si la siguiente oración es verdadera o falsa: "En *SharePoint* puedes ver la progresión de las tareas de proyectos".

    ■ Verdadero
    ■ Falso

10. **Determina si la siguiente oración es verdadera o falsa:** *"SharePoint se integra con OneDrive a la hora de sincronizar".*

- Verdadero
- Falso

Teams

Contenido

Objetivos

El objetivo general de esta Unidad de Aprendizaje es:

→ Conocer la aplicación para poder comunicarse y utilizar herramientas de trabajo colaborativo con equipos de trabajo u organizaciones de forma eficaz.

Los objetivos específicos de esta Unidad de Aprendizaje son:

→ Crear y unirse a equipos de trabajo.

→ Crear y utilizar correctamente canales temáticos.

→ Iniciar un chat.

→ Programar reuniones y aprovechar todas las herramientas para hacer una reunión eficaz.

1. Introducción

En la actualidad, es fundamental la comunicación entre los miembros de una empresa o de una organización. En este caso, hablamos de la comunicación virtual, ya que no todos los trabajadores pueden encontrarse físicamente en el mismo sitio.

Teams permitirá utilizar una herramienta para cada tipo de comunicación que se tenga: un uso menos formal, más improvisado y quizás más breve, como los chats, o herramientas que permiten organizar los temas y trabajar independientemente en cada uno de ellos con los usuarios que corresponde en cada caso.

También podrán intercambiarse documentos, archivos e incluso abrirlos y trabajar en ellos de forma colaborativa. Sin duda, es imprescindible conocer estas nuevas herramientas de comunicación para poder moverse en un ámbito laboral en estos días.

Este es el caso de Almudena, que quiere manejar correctamente las distintas opciones de comunicación que tiene con sus compañeros o, incluso, con un cliente o alguien externo a la organización.

2. Introducción a *Teams*

 HILO CONDUCTOR

Almudena quiere saber cuál es el uso de *Teams* para hablar con otros compañeros de la empresa. Quiere saber si, aun estando en el mismo espacio físico, es mejor tener ese registro documental y de conversaciones de forma virtual, para que sea incluso más cómodo y eficaz.

Teams es la herramienta de la *suite Microsoft 365* que permite y favorece la comunicación con otros usuarios de una forma efectiva. Esto se consigue, en parte, gracias a centralizar todas las formas de comunicación en una sola aplicación: llamadas, videoconferencias, reuniones, chat.

Teams, de Microsoft 365, centraliza llamadas, videoconferencias, reuniones y chat, facilitando una comunicación efectiva entre usuarios. ©Asset AssuranceTM.

NOTA

En el proceso de trabajo en equipo, se podrá compartir pantalla, compartir documentos y editarlos de forma conjunta. Se podrá compartir con los miembros que quieras, organizando los temas de trabajo por canales y equipos.

Accede a la aplicación a través de la web de *Microsoft 365* o escribe la palabra *Teams* en la barra de búsqueda de tu sistema operativo. Accederás a una interfaz muy sencilla e intuitiva que cuenta con una barra superior de búsqueda y opciones de configuración, y una barra a la izquierda desde donde realizar todas las acciones. Por último, la pantalla central será la zona de trabajo, donde verás el calendario, el chat de mensajería instantánea, la videollamada, etc.

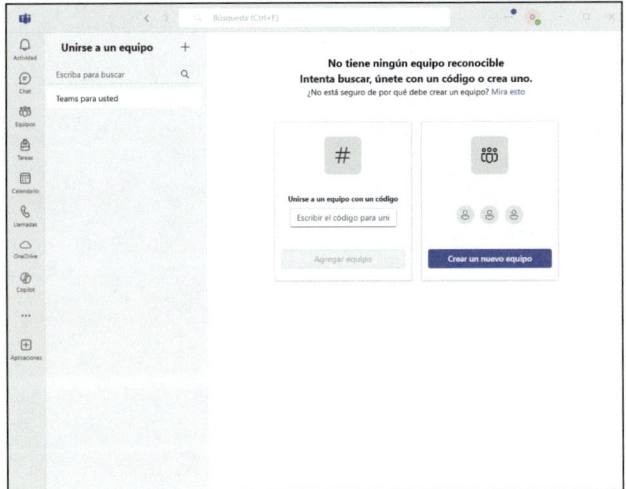

Interfaz de Teams

La barra con iconos en la parte izquierda resume perfectamente las distintas funciones que puedes realizar. Estas funciones son:

- **Actividad:** desde esta pantalla podrás ver las notificaciones de las actividades realizadas por el equipo y las menciones que te hagan en los chats y en los canales, a modo de resumen.
- **Chat:** desde este botón accederás a la pantalla de conversaciones privadas o videoconferencias con otros miembros de la empresa.
- **Equipos:** podrás organizar trabajo y conversaciones con equipos de trabajo, habilitando canales independientes y organizando la información en pestañas de archivos.
- **Tareas:** verás el listado de tareas asignadas.
- **Calendario:** puedes visualizar el calendario y programar reuniones.
- **Llamadas:** puedes realizar llamadas seleccionando los contactos.
- *OneDrive:* puedes encontrar los archivos de trabajo que tengas almacenados en la nube y acceder a ellos.
- *Copilot:* es el uso de IA en *Teams*.
- **Tres puntitos y Aplicaciones:** sirven para ampliar funcionalidades añadiendo otras aplicaciones.

Barra de funciones de Teams

PARA SABER MÁS

Como en otras aplicaciones, también la IA puede aportar una serie de funcionalidades encaminadas a la eficiencia del usuario. Puedes leer sobre esto en el siguiente artículo. Accede desde aquí.

https://redirectoronline.com/adgg210501

3. Equipos

👉 HILO CONDUCTOR

Almudena sabe lo que son equipos de trabajo físicos y se plantea si será del mismo modo virtualmente. Si podrá reunirse con ellos para tratar distintos temas, y solo con algunos de los compañeros para otros, al igual que lo haría de forma física.

- -

Los equipos de trabajo son grupos de usuarios que se reúnen para hacer algo en común. Aplicado al ámbito laboral, pueden ser personas que se reúnen para hacer un proyecto común o personas de un mismo departamento.

Para crear un equipo ve a la barra de la izquierda de *Teams* → **Equipos** y observa que tienes la opción **Unirse a un equipo** o **Crear un equipo nuevo.** Haz clic en la primera para unirte a un equipo que alguien ha creado y para el que has recibido invitación. O elige crear un equipo nuevo, a partir de una plantilla predefinida, o como un equipo básico, muy sencillo. Lo que sí deberás tener en cuenta es si quieres que tu equipo sea **Público** o **Privado.** En el primero de los casos, el equipo será visible para todos los miembros de tu organización y, en el segundo, solo para los miembros a los que se agregue a dicho grupo. También deberás asignar un nombre y una breve descripción para que los usuarios sepan de qué se trata este equipo. Sigue el asistente para crear el grupo.

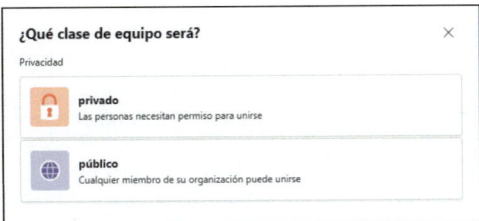

Tipos de equipo

SABÍAS QUE...

Si eres el propietario del equipo (creador), puedes agregar usuarios una vez creado por sus nombres o sus correos electrónicos. De igual modo, podrás eliminarlos.

Si eres un miembro (no propietario), puedes enviar solicitudes para que otros usuarios se unan, pero la última palabra la tendrá el propietario. Los miembros recibirán una notificación por correo que les indicará que forman parte de un equipo.

También puedes tener el rol de invitado si eres un usuario externo a la empresa y quieren invitarte a un equipo de forma puntual.

Si escoges unirte a un equipo ya creado en *Teams,* podrás hacerlo realizando una búsqueda en la barra a tal efecto (bien por nombre, bien por tema) y, una vez que lo encuentres, solicitar unirte; o con un código de invitación que pueden hacerte llegar. Esta segunda opción sería inmediata, mientras que la primera requerirá que acepten la solicitud.

TAREA 8

Almudena necesita crear un equipo de trabajo para la formación y el apoyo de nuevos trabajadores que han entrado en la empresa. Comenta cómo puede hacerlo.

----

4. Canales

☞ **HILO CONDUCTOR**

Almudena quiere seguir aprendiendo sobre cómo mantener conversaciones con sus compañeros e intercambiar información y archivos, pero no quiere hacerlo de forma desordenada o incorrecta. Se plantea cómo utilizar los canales.

Ya conoces los equipos en *Teams*, pero debes saber que, a su vez, estos pueden organizarse en **Canales.** Si los equipos son grupos de usuarios reunidos para alguna tarea en común, los canales organizan los distintos temas dentro de ese equipo. No todos los miembros de un equipo pueden acceder a todos los canales.

 **CONSEJO**

Estos canales se dedican a temas concretos, a proyectos. Es el espacio donde se trabaja sobre ese tema y, por eso, es aconsejable que el título del canal sea bastante claro al respecto.

Por defecto, un equipo tendrá un canal inicial que, además, es público para todos los miembros del equipo. Se puede seguir la conversación de ese canal o incluso buscar contenido que se haya publicado en él. Estando en la pestaña **Equipos,** tendrás un listado de canales del equipo (en los que tú puedes participar). Observa que, por defecto, aparece ese canal inicial, pero puedes hacer clic en los tres puntos y crear nuevos canales.

Estos canales podrían tener subdivisiones más específicas que solo incluyesen a ciertos usuarios. Pueden ser:

Estándar	- Abierto a todos los miembros del equipo, cualquier miembro del equipo puede unirse. Lo lógico sería usarlo para discusiones de carácter general o anuncios que influyen a todo el equipo.
Privados	- Solo para determinadas personas del equipo, no son visibles para el resto, y solo se puede acceder a ellos a través de una invitación creada por el propietario del canal. Lógicamente, tiene sentido utilizarlos para conversaciones más privadas, temas sensibles o cosas concretas que no requieran más participación.
Compartidos	- Aquellos que permiten el acceso a personas de dentro y de fuera del equipo (o de la empresa).

Haz clic en los tres puntos → **Agregar canal** y rellena los datos que te pide el asistente, como has hecho hasta ahora en todas las aplicaciones de la *suite Microsoft 365*. Es importante que, en este punto, definas la privacidad del canal según el uso que vaya a tener, tal y como se ha explicado previamente.

Si has creado un canal público, puedes marcar **Mostrar automáticamente este canal en la lista de canales de todos,** y aparecerá tanto en tu lista de canales como en las de otros usuarios del equipo. Si has creado un canal privado, en este punto el asistente también te dirá que invites a usuarios al canal, y podrás hacerlo con sus nombres o con sus correos electrónicos.

Para crear un canal compartido debes seguir el mismo proceso y rellenar los datos, pero, a la hora de escoger la privacidad, debes escoger la opción **Compartido.** Una vez creado, despliega de nuevo los tres puntos y escoge **Compartir canal** para añadir a los usuarios que quieres que participen. Elige personas, para añadirlas de una en una, o un equipo completo.

 **IMPORTANTE**

Si no eres propietario del canal, no podrás invitar a un equipo completo sin pasar antes por la autorización de su propietario. Una vez que lo permita, sí llegará la invitación a todos los demás. Si, por el contrario, eres propietario de tu canal, escoge la opción Compartir canal → Con equipo de tu propiedad.

Además, puedes realizar otras operaciones con un canal: editarlo, administrarlo, eliminarlo o definir el tipo de notificaciones que quieres tener de las novedades.

Los usuarios del canal podrán hablar entre ellos creando conversaciones para cada tema concreto en una **Nueva conversación,** lo que permitirá tener ordenados los temas, porque el resto de los usuarios responderán e intercambiarán archivos referentes a ese tema en la conversación adecuada.

 ACTIVIDAD COMPLEMENTARIA

6. Imagina que trabajas en la agencia de viajes de Almudena y que existen los siguientes temas abiertos para los que ella debe establecer canales y conversaciones con sus compañeros del Departamento de Ventas:

   · Nuevas propuestas de *marketing.*
   · Estado general de cuentas, resumen de ventas del mes pasado.
   · Mejoras para la venta de viajes internacionales.
   · Problemas con los trenes en los últimos viajes a Madrid.

   Indica cómo organizarías los equipos, canales o conversaciones para una comunicación más eficaz.

5. Chat

 HILO CONDUCTOR

Almudena quiere saber en qué casos puede utilizar el chat para hablar con sus compañeros.

El chat es el sistema de mensajería instantánea de *Microsoft Teams* que te permitirá mantener conversaciones con uno o varios usuarios. Haz clic en

Chat en la barra lateral para ver todas las funciones que puedes realizar. Puedes conocerlas mejor a continuación:

- ⮕ **Nuevo chat (1):** inicia una conversación de chat desde este botón en la barra superior. Indica el participante o participantes a los que quieres escribir.
- ⮕ **Listado de chats (2):** puedes elegir un usuario desde las sugerencias de chats que te propone *Teams;* son los contactos de tus compañeros. Puedes ver los chats más recientes o fijar alguno que sea de importancia.
- ⮕ **Escribir y enviar mensaje (3):** escribe el mensaje y pulsa en el botón **Enviar** (o pulsa el botón **Enter,** que hará más rápido el proceso). En ese mismo espacio puedes dar formato al texto con herramientas que ya conoces (negritas, color, enumeraciones, etc.) y usar iconos o *gifs* en tus mensajes.
- ⮕ **Ventana de conversación (4):** cuando envíes un mensaje, y cuando te contesten, aparecerá en esta ventana. Siempre aparecerá la hora del mensaje y, si tienes configuradas las notificaciones con sonido, te avisará cuando recibas uno.

  Al pasar sobre tu mensaje aparece una barra de acciones. Puedes editar el mensaje una vez enviado, eliminarlo (desplegando las opciones de los tres puntos) o añadir una reacción con un emoticono. Al igual que ocurre en mensajerías instantáneas que conoces, puedes usar **Responder** o **Reenviar** para hacer referencia a un mensaje de la conversación.
- ⮕ **Barra de búsqueda (5):** puedes buscar, en la barra superior, en los mensajes, los contactos, los archivos, etc. Escribe la palabra que quieras encontrar y empieza la búsqueda. Te devolverá un listado de resultados relacionados.
- ⮕ **Agregar a más participantes (6):** puedes añadir más usuarios al chat que has iniciado.
- ⮕ **Reunirse ahora (7):** haz clic para iniciar una llamada de audio o una videollamada con los miembros del chat.
- ⮕ **Más opciones (8):** despliega para realizar otras acciones, como buscar en el chat, programar una reunión, anclar el chat para que aparezca en la parte superior del listado de chats, silenciar el chat o eliminarlo.

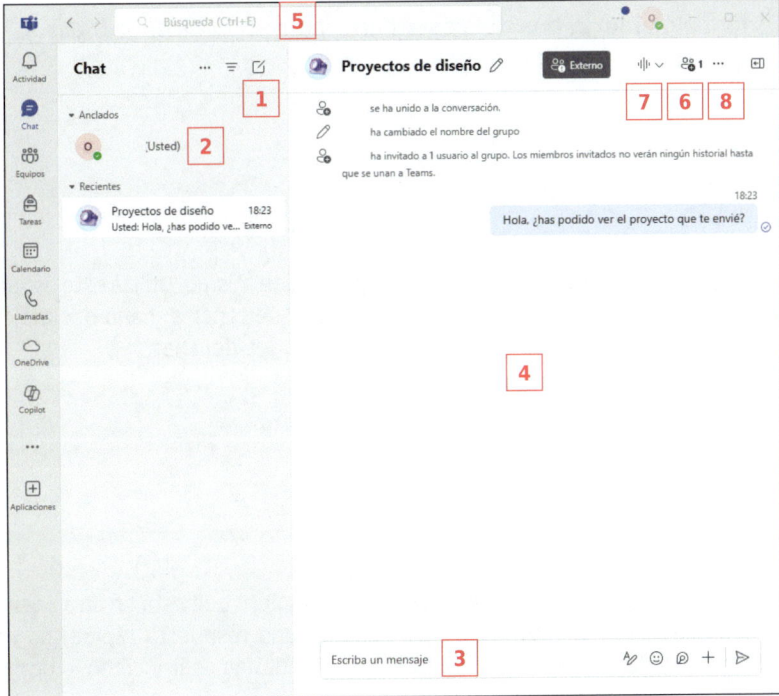

Funciones del chat

Para iniciar una conversación, haz clic en **Nuevo Chat,** en la parte superior del listado de chats, o pulsa el atajo [**Ctrl**] + [**N**]. Una vez que tengas la ventana de conversación abierta, podrás añadir a más usuarios y podrás empezar a escribir en la parte inferior.

Chat entre compañeros

Si te fijas en la parte inferior de la ventana de conversación, en la barra donde escribes tu mensaje, hay otros iconos que puedes utilizar para dar formato al texto que quieres escribir, para añadir iconos o *gifs* o, incluso, para programar algún mensaje.

SABÍAS QUE...

Puedes iniciar una conversación de chat contigo mismo. Utiliza este espacio para escribir borradores, notas, enviar archivos que tener a mano o, simplemente, para conocer un poco mejor las funcionalidades del chat.

- -

TAREA 9

Almudena quiere comunicarse con un compañero que está en otra oficina, para hacerle una pregunta rápida. Le gustaría una respuesta rápida, no necesita formalidades. ¿Qué herramienta le recomendarías usar y cómo lo haría?

- -

5.1. Silenciar un chat

Si no quieres eliminar un chat, pero no quieres que aparezca, de forma puntual, elige entre estas tres acciones: **Silenciar** para que no te avise de las nuevas notificaciones, **Ocultar** para que lo quite de chats recientes hasta recibir nuevas notificaciones o **Bloquear** para que la persona de ese chat no pueda ver tu estado (si estás disponible, ocupado, etc.) y no recibas ningún mensaje suyo. Si esa misma persona está en algún chat de grupo, sí verá tus mensajes en ese chat.

VÍDEO

Hasta ahora te habrá parecido encontrar similitudes entre las conversaciones de los canales y las de los chats, en lo que a mensajería instantánea se refiere.

Continúa en página siguiente >>

<< Viene de página anterior

En el siguiente vídeo se muestran sus diferencias en cuanto a características y funcionalidades.

https://redirectoronline.com/adgg210502

---

6. Reuniones

 HILO CONDUCTOR

Almudena ha recibido una invitación para asistir a una reunión. Quiere saber cómo unirse y cómo actuar dentro de dicha reunión.

Las reuniones son encuentros virtuales donde los usuarios participantes pueden trabajar conjuntamente, comunicarse con audio o con audio y vídeo y, además, compartir la pantalla para mostrar documentos.

 IMPORTANTE

Una de sus grandes ventajas es que permite centralizar la comunicación desde cualquier punto geográfico y desde cualquier dispositivo. Además, mejora la productividad y ahorra costes lógicos de viajes o espacios para reuniones.

Las reuniones pueden estar programadas o se puede decidir hacerlas sobre la marcha, tal y como se ha descrito en los chats, haciendo clic en el botón de la parte superior **Reunirse ahora.** Para crear una reunión desde *Teams,* puedes ir a **Calendario,** en la barra de la izquierda. Observa que también podrás ver el botón para hacer esa reunión sobre la marcha, o bien desplegar la flecha en **Nuevo evento → Reunión de canal.** Una vez que aparezca la ventana, rellena todos los datos que se solicitan (fecha, hora, descripción o ubicación) y los asistentes. Una vez que termines, haz clic en **Enviar** y este evento aparecerá tanto en tu calendario como en el de los asistentes a los que se haya incluido.

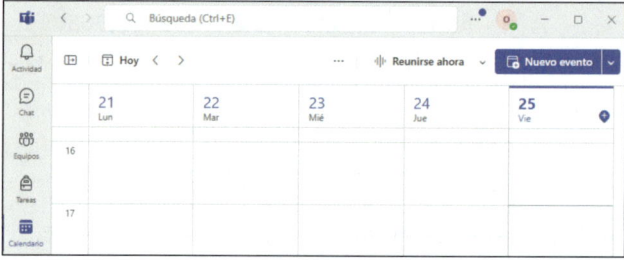

Crear reunión

 ### SABÍAS QUE...

Además, puedes convocar también a otros usuarios a través de una invitación por correo electrónico, ya sean de la organización o personal externo.

Existen herramientas para mejorar la experiencia y hacer más eficientes estas reuniones virtuales. Las más destacadas son:

- ⮞ **Chat:** tiene un propio espacio de chat que facilita la comunicación escrita durante la reunión. Se pueden compartir enlaces, hacer anotaciones, enviar mensajes a algún usuario de forma privada, etc.
- ⮞ **Compartir contenido:** se pueden presentar diapositivas o compartir el contenido de la pantalla, por ejemplo, con el resto de los usuarios.
- ⮞ **Moderación:** existen herramientas para controlar los accesos o, por ejemplo, para pedir la palabra (levantar la mano) durante la reunión.
- ⮞ **Subtítulos:** puede subtitularse en tiempo real durante la reunión, lo cual ayuda si el entorno no permite escuchar con claridad o si una persona tiene necesidades especiales en este sentido.

- ⟴ **Transcripción:** transcribe la conversación y la guarda para posibles consultas en otro momento.
- ⟴ **Grabación de reuniones:** también puedes grabar la reunión y revisarla en otro momento, o que la pueda ver alguien que no ha podido asistir.
- ⟴ **Salas para subgrupos:** se pueden dividir los asistentes en pequeños grupos para comentar cuestiones concretas o realizar tareas pequeñas.
- ⟴ **Fondos personalizados:** puedes cambiar el fondo de la cámara para personalizarlo con algo empresarial o para difuminar a otros compañeros, por ejemplo.

7. Archivos

☞ HILO CONDUCTOR

Los compañeros de trabajo de Almudena comparten archivos a través de *Teams*, lo cual lo hace muy operativo. Almudena quiere aprender a compartir en el sitio correcto para poder encontrar los archivos de forma lógica más adelante y que otros compañeros los encuentren también fácilmente.

Cuando trabajas en *Teams,* puedes compartir archivos de diversas formas: en chats, canales y reuniones. Estos archivos podrán estar almacenados en *OneDrive* y, además, podrás controlar los permisos de acceso, como ya sabes.

En Teams, los archivos se pueden compartir en chats, canales y reuniones, guardarse en OneDrive y gestionar quién puede acceder a ellos.

Para compartir un archivo a través del chat, elije el icono de **clip,** que conocerás de adjuntar un archivo en un correo electrónico, y selecciona la ruta del archivo en tu dispositivo o en *OneDrive.* Para compartirlo en un canal, ve a **Archivos → Cargar** para compartir uno existente, o **Nuevo** para crear uno nuevo sobre la marcha.

 IMPORTANTE

Desde *Teams* puedes hacer clic sobre un archivo y este se abrirá directamente (si se trata de un archivo de *office).* Varias personas podrán editar el archivo de forma simultánea y, como ya sabes, se actualizarán los cambios en tiempo real. Como siempre, podrás administrar los permisos sobre ese documento.

- -

8. Actividad

☞ **HILO CONDUCTOR**

Almudena está algo abrumada por todas las herramientas que puede utilizar a la vez y todas las notificaciones que le llegan. Vamos a explicarle la ventana **Actividad,** que centraliza a modo de resumen todo lo que está pasando.

- -

Actividad es una sección que aparece con un icono de campana en la barra de la izquierda, donde se muestran todas las notificaciones, actualizaciones, las menciones que otro usuario ha hecho sobre ti, las respuestas que te han dado a conversaciones que no has visto, etc. Es, básicamente, un resumen de la actividad ocurrida en *Teams* mientras no estabas o mientras estabas haciendo otra cosa o incluso mientras estabas reunido.

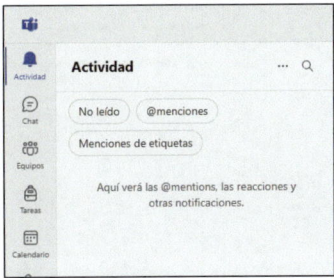

Ventana Actividad

DEFINICIÓN

Mención

Forma de llamar la atención a alguien por algún medio virtual. En este caso, en *Teams*, te han podido llamar la atención para que respondas o para que estés atento a algo que se está hablando en un chat. Se realiza escribiendo una "@" delante del nombre del usuario.

También puedes mencionar un canal completo escribiendo la "@" delante del nombre del canal y todos sus integrantes serán mencionados.

- -

8.1. Estados de presencia de *Teams*

El estado de *Teams* muestra tu disponibilidad a otros usuarios, lo cual les permite saber si estás accesible para llamarte en ese momento o para convocarte a una reunión o, simplemente, entender que no puedes contestar a un chat en ese momento.

 SABÍAS QUE...

Estos estados se cambian de forma automática según la actividad que estés teniendo en ese momento, y también puedes modificarlos de forma manual si quieres que los demás usuarios te vean de determinada manera.

- -

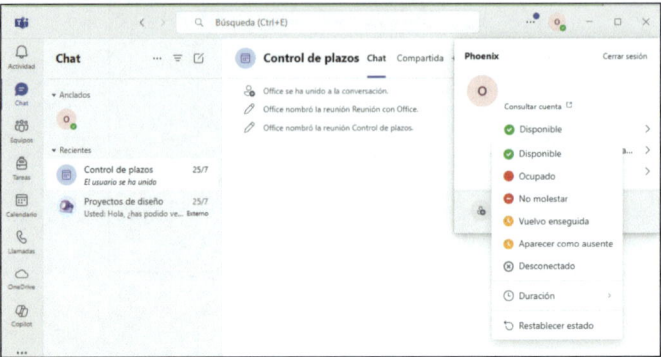

Estados de presencia

Para cambiar un estado de forma manual, ve a tu usuario en la parte superior derecha, haz clic en el estado que tengas actualmente y escoge del desplegable aquel que quieras. Observa que, en esa ventana, cuando haces clic en tu usuario también puedes elegir la ubicación donde trabajas ese día (en oficina o en remoto) e incluso definir un mensaje de estado que otros usuarios podrán ver. Los distintos estados de presencia que puedes tener en *Teams* son:

- **Disponible:** el usuario está activo y disponible por si se quiere hablar o conectar con él de algún modo.
- **Ausente:** no está activo por un periodo de tiempo; puede marcarse, por ejemplo, para ir al baño o para salir un momento. Se pone de forma automática cuando pasa un tiempo determinado sin actividad.
- **Ocupado:** este estado marca que está reunido en el propio *Teams* (se establece de forma automática). Se puede poner de forma manual si se quiere mostrar este estado.
- **No molestar:** en este estado el usuario no quiere interrupciones e incluso las notificaciones se silencian.
- **Desconectado:** el usuario ha cerrado sesión o no ha llegado a abrir *Teams* y no aparece como conectado en ningún otro estado.

APLICACIÓN PRÁCTICA

Almudena necesita tener un momento de concentración y no recibir llamadas ni notificaciones de los compañeros. Se plantea modificar de

Continúa en página siguiente >>

<< Viene de página anterior

forma manual su estado en *Teams*. ¿Qué estado de presencia sería el más adecuado atendiendo a lo que necesita?

Solución

Si lo que busca es no recibir notificaciones en absoluto, debe elegir la opción **No molestar.**

----

9. Tareas

☞ **HILO CONDUCTOR**

Almudena empieza a recibir tareas que le asignan otros compañeros y quiere saber cómo puede crear también ella algunas otras.

Las tareas son actividades que se asignan a usuarios o a equipos. En Teams, pueden ser fechas de entregas, cosas que hacer en determinado plazo, etc., que se recuerdan para hacer más eficiente la forma de trabajo en equipo y de control de plazos.

Para crear la tarea, debes acceder al canal donde quieres asignarla y hacer clic en **Tareas → Crear → Tarea.** Como en el resto de las herramientas que ya se han descrito antes, consistirá en rellenar todos los datos que te va solicitando, como título, instrucciones, fecha de entrega, etc. y, cuando esté todo, simplemente tendrás que asignarla. Haz clic en **Asignar.**

i haces clic en el icono **Tareas** de la barra de la izquierda, podrás ver un listado de todas las tareas asignadas.

 **VÍDEO**

Puedes saber más sobre cómo crear una tarea y cómo asignarla a algún usuario en el siguiente vídeo. Accede desde aquí.

https://redirectoronline.com/adgg210503

---

10. Compartición y sincronización

 **HILO CONDUCTOR**

Almudena entiende que, como en otras aplicaciones que ya conoce, *Teams* también se basa en la compartición de archivos y en su sincronización para poder acceder a ellos desde cualquier parte y desde cualquier dispositivo.

Los términos *compartición* y *sincronización* ya son viejos conocidos en este punto. Son dos de las principales características de todas las aplicaciones de la *suite Microsoft 365* y, como tal, *Teams* no podía ser menos.

Ya se ha descrito la manera en la que puedes compartir archivos en canales y chats, y cómo los archivos podrían almacenarse en *OneDrive* y, por tanto, su sincronización es la que ya conocemos. También es posible sincronizar archivos de *SharePoint*.

SABÍAS QUE...

De igual modo, podrás acceder a *Teams* desde un dispositivo móvil o una *tablet;* por ejemplo, asistiendo a reuniones, viendo las tareas, siguiendo las conversaciones de los distintos canales y hablando por chat. Solo tendrás que instalar la *app* en tu dispositivo según tu sistema operativo.

Teams es accesible desde el dispositivo móvil, permitiendo la comunicación y la colaboración en cualquier lugar.

11. Archivado y eliminación de equipos

 HILO CONDUCTOR

Almudena quiere saber qué ocurre con los equipos de trabajo cuando dejan de utilizarse pasado un tiempo. No sabe si ella puede gestionar esto o si depende de algún administrador con más permisos.

Al igual que los equipos se crean para determinadas tareas o proyectos, puede que, pasado un tiempo, ya no se utilice ese equipo. Existen dos opciones: archivar o eliminar equipo. Archivar un equipo lo pone inactivo, pero mantiene su contenido accesible; por el contrario, eliminarlo lo borra de forma permanente, por lo que ya no se podrá acceder a su contenido. Las acciones que implican el archivado y la eliminación son:

- **Archivar equipo:**

  - **Inmoviliza actividad:** impide que se puedan escribir más mensajes o cambiar nada de la configuración de dicho equipo.
  - **Acceso a contenido:** los miembros del equipo pueden acceder a los archivos y a las conversaciones, para recuperar información o consultar algo.
  - **Se puede restaurar:** en un momento dado, puede volver a activarse.
  - **Se puede ocultar de la lista:** se puede ver en la lista, solo que, en vez de en la lista de activos, estará en la lista de archivados.

- **Eliminar equipo:**

  - **Borra permanentemente el equipo**: en este caso, se eliminan todos los archivos, conversaciones, etc.
  - **No permite restaurar:** en este caso, no se puede restablecer ni el equipo ni el contenido, al menos a nivel de usuario. Como administradores con copia de seguridad hecha, sería otro tema.
  - **No aparece en lista de chats:** no aparece en ninguna parte del listado.

Archivar o eliminar un equipo son acciones que solo puede hacer el propietario del equipo (o desde la administración). Debes ir a la configuración de equipos que encuentras en la parte inferior de la pestaña **Equipos.** Una vez en el listado de equipos, abre las opciones desde los tres puntitos y escoge una u otra. Es cuestión, una vez más, de seguir los pasos del asistente.

 **CONSEJO**

La recomendación es, claramente, quitar de los equipos activos aquellos que ya no se usen, se hayan quedado obsoletos o estén inactivos. La duda entre archivar o eliminar se resuelve planteándose si el equipo tiene información, archivos, datos, conversaciones, etc. valiosos que puedan necesitarse en un futuro. Si es así, es preferible archivarlos. Si no fuera ese el caso, es mejor eliminarlo, para que no aparezca y, así, no genere confusión, y para que sus archivos compartidos no ocupen espacio en tu ordenador.

12. *Bots* y complementos

☞ **HILO CONDUCTOR**

Almudena tiene curiosidad por saber si la aplicación *Teams* también tiene funcionalidades de IA.

Tanto los *bots* como los complementos son extensiones para un uso más avanzado de *Teams,* que buscan, principalmente, mejorar la productividad.

Un *bot* funciona en una conversación de *Teams* como una inteligencia artificial que responde a preguntas, que busca información en la web o que programa reuniones. Un complemento en *Teams* permite realizar una serie de acciones desde dentro de una conversación, sin tener que salir de ella: busca información, envía contenido, etc., siempre interactuando con servicios externos.

13. Mejores prácticas con *Teams*

☞ **HILO CONDUCTOR**

Almudena ya sabe manejar de forma muy intuitiva *Teams*, pero le gustaría hacerlo de la mejor forma posible, tanto por ella como por interactuar mejor con sus compañeros.

Las mejores prácticas de *Teams* van encaminadas a hacer que las comunicaciones sean efectivas. Para esto, lo lógico y principal es utilizar cada herramienta que posee para la acción correcta. A continuación, te mostramos dichas prácticas:

1. No se debe utilizar un único canal para todo. Deben tematizarse y, así, diversificar en las distintas líneas de trabajo, sin mezclar y con los usuarios correspondientes en cada caso.

2. Debes ser cuidadoso con los distintos permisos que des a usuarios, sobre todo si acceden personas externas a una reunión determinada.

3. Durante las reuniones, es muy importante aplicar buenas prácticas que van encaminadas a que la comunicación sea más clara, en cuanto a medios técnicos y en cuanto a sentido común: silenciar el micrófono cuando no estés hablando, utilizar la cámara si otros usuarios la están utilizando, levantar la mano para pedir turno de palabra y no interrumpir, etc.

4. Otras buenas prácticas, en cuanto a la gestión del tiempo y la eficiencia, son: planificar las reuniones con tiempo, ajustarse al horario reservado en la convocatoria (ya que otros usuarios pueden haberse organizado para otras tareas posteriormente), grabar la sesión para los que no puedan asistir, etc.

5. A la hora de enviar mensajes —por ejemplo, en un chat— es importante ser breve y conciso, para facilitar la lectura y permitir encontrar la información más adelante de forma sencilla.

6. También suele ser una buena práctica dar *feedback* o respuesta a los mensajes de otros usuarios. Bastaría con utilizar algunas reacciones, como "me gusta" o un puño haciendo *OK*.

7. Y, como siempre, es importante ser precavido, cuidadoso y mirar por la seguridad: cuidar el envío de archivos adjuntos, con quién se comparten vínculos de acceso a reuniones, no añadir contactos desconocidos y otras prácticas sobre las que ya hemos hablado en otras aplicaciones.

14. Resumen

Teams es una herramienta muy potente para favorecer la comunicación entre usuarios de una empresa u organización. Cuenta con herramientas creadas específicamente para cada una de las formas de comunicación, ya sea una reunión virtual, un chat improvisado para una comunicación inmediata y breve, o canales de trabajo entre los distintos equipos.

Como en otras aplicaciones, es fundamental ser ordenado y tener mucho sentido común a la hora de trabajar en equipo, porque los archivos se compartirán y las relaciones se realizarán de forma virtual.

Teams se organizará en equipos de trabajo que, a su vez, se dividirán en canales temáticos o más generales para tratar los distintos temas. En estos canales, habrá conversaciones que serán subdivisiones dentro de un tema o dentro de un departamento, por ejemplo. De esta manera, es fácil encontrar información en el sitio concreto.

Los usuarios podrán intercambiar y compartir archivos, podrán asignar tareas, hacer menciones, etc. Es fundamental ser ordenado y hablar cada tema en su lugar.

Ejercicios de autoevaluación
Unidad de Aprendizaje 5

1. ¿Cómo pueden añadirse más participantes a un chat?

    a. No pueden añadirse, si hay más participantes es una conversación.
    b. Desde el botón Agregar más participantes.
    c. Desde el botón Más opciones.
    d. Desde el botón Reunirse ahora.

2. ¿Cuál es el tipo de canal que permite acceder a personas fuera de la empresa u organización?

    a. Privado
    b. Compartido
    c. Público
    d. No pueden acceder personas externas a un canal, solo a una reunión.

3. ¿Cómo se llaman las agrupaciones de personas que trabajan en un mismo proyecto?

    a. Equipo
    b. Grupo de trabajo
    c. Canal
    d. *Copilot*

4. ¿Cómo puede personalizarse un sitio de *SharePoint*?

    a. Utilizando plantillas predefinidas.
    b. Escogiendo una página en blanco y haciéndola de cero.
    c. Añadiendo elementos web que sirvan para lo que quieres transmitir.
    d. Todas las opciones son correctas.

5. ¿Cómo puede revisar la reunión alguien que estaba fuera de la oficina y no ha podido asistir?

    a. Tendría que haber asistido desde su dispositivo móvil, no hay otra forma.

    b. A través del chat de la reunión se realiza un resumen de esta de forma automática.

    c. Tendrá que esperar a que el equipo esté archivado.

    d. Puede revisar la grabación de la reunión que el creador habrá activado durante la misma.

6. Determina si la siguiente oración es verdadera o falsa: "Si se elimina un equipo de trabajo obsoleto, siempre puede restaurarse después".

    ■ Verdadero

    ■ Falso

7. ¿Qué estado de presencia se pone automáticamente cuando estás algún tiempo levantado de tu mesa y no se percibe actividad?

    a. Ausente

    b. Ocupado

    c. Desconectado

    d. No disponible

8. ¿Puedes hacer que un chat no te mande notificaciones mientras estás en una llamada?

    a. No, los chats siempre van a mandar notificaciones.

    b. Puedes conseguirlo bloqueando a las personas que crees que te van a hablar.

    c. Puedes hacer clic en Ocultar.

    d. Puedes hacer clic en Silenciar.

9. Determina si la siguiente oración es verdadera o falsa: "Una reunión puede crearse en cualquier momento para hacerla sobre la marcha".

    ■ Verdadero

    ■ Falso

10. Determina si la siguiente oración es verdadera o falsa: "No pueden compartirse archivos, para eso debes usar otras aplicaciones".

- Verdadero
- Falso

Viva Engage

Contenido

Objetivos

El objetivo general de esta Unidad de Aprendizaje es:

→ Conocer la herramienta que permite la comunicación interna y la colaboración entre los trabajadores.

Los objetivos específicos de esta Unidad de Aprendizajes son:

→ Crear comunidades.

→ Buscar comunidades.

→ Publicar una historia.

1. Introducción

Lo primero que debes saber sobre *Microsoft Viva Engage* es que antes fue *Yammer*. Es parte del cambio realizado por la estrategia de *marketing* de *Microsoft 365* pero, aunque el nombre haya cambiado, las funciones siguen siendo prácticamente las mismas.

Si nunca has oído hablar de *Yammer* o de *Viva Engage,* debes saber que se trata de una red social empresarial dentro de la empresa, muy enfocada a la conexión social y a la experiencia del usuario.

Almudena ha entrado a la empresa hace poco y ha oído hablar de esta herramienta, aunque nunca la ha usado. Sin duda, cree que aprender a usarla también le permitirá relacionarse de otro modo más social con sus compañeros.

2. Introducción a *Viva Engage*

 **HILO CONDUCTOR**

Almudena quiere saber en qué consiste la red social *Viva Engage,* para qué suele utilizarse en las empresas y si realmente les aporta beneficios.

- -

Viva Engage se une a la lista de aplicaciones de *Microsoft 365* que quieren fomentar la cultura interna y la cohesión de grupo en lo que a las organizaciones o empresas se refiere. Está dentro del grupo de las herramientas de comunicación y se caracteriza por fomentar este tipo de conversaciones en tiempo real.

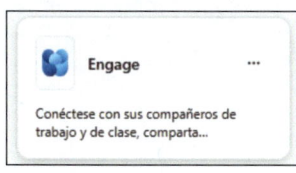

Acceso a Viva Engage

IMPORTANTE

Puede que te recuerde a la herramienta *SharePoint* en su versión de sitios de comunicación de empresas: la intranet. Esta va más encaminada a difundir la información a toda la empresa; mientras que *Viva* se centra en el propio empleado y su interacción social, creación de comunidades, etc.

El uso de esta aplicación tiene los siguientes beneficios sobre la empresa u organización:

- **Mejora la comunicación interna:** hace que todos los usuarios estén conectados y que les lleguen todas las notificaciones personalizadas. Es muy práctico, por ejemplo, en zonas con diferencias horarias.
- **Fomenta la colaboración:** permite que los empleados estén conectados con otros e intercambiar ideas, conocimientos, etc. de manera sencilla y directa.
- **Fomenta la cultura de empresa:** se realizan encuestas, iniciativas como "empleados del mes", reconocimiento a empleados, imágenes de eventos corporativos, etc. Incentivan el sentido de pertenencia o de grupo.
- **Facilita la creación de comunidades:** los trabajadores pueden reunirse por gustos, *hobbies,* etc.
- **Aumenta la participación de los empleados y permite el análisis de la información:** para ver las áreas de mejora, etc.

SABÍAS QUE...

Si se ha producido algún cambio entre *Yammer* y *Viva Engage* es que, además de ser plataforma de redes sociales profesionales, *Viva* también implica el intercambio de conocimiento o la creación de comunidades, acercándose más al tipo de producto que persigue ser *Microsoft 365.*

---

3. Primeros pasos con *Viva Engage*

HILO CONDUCTOR

Almudena va a empezar a utilizar *Viva Engage* e intuye cómo será el proceso de abrir la aplicación y dónde encontrará las distintas funciones, a juzgar por la línea común que siguen todas las aplicaciones de *Microsoft 365*. Aun así, quiere hacerlo paso a paso para no equivocarse.

- -

Accede a la aplicación desde www.microsoft365.com y accederás a su página principal, desde donde podrás ver su interfaz, bastante intuitiva. Reconocerás una columna a la izquierda con todos los apartados a los que puedes acceder y una parte de la pantalla a la derecha donde se mostrarán.

CONSEJO

Puedes pensar en otras herramientas de *Microsoft 365* a la hora de reconocer las zonas de trabajo, pero también en otras redes sociales que conoces, como por ejemplo *Facebook*, de cara a la interacción con otros usuarios.

- -

También puedes acceder a *Viva* desde *Teams*. Una vez abierta la aplicación, ve a **Aplicaciones** y escribe su nombre en el buscador. Si no la has abierto antes, te pedirá instalarla; en caso contrario, simplemente haz clic en **Abrir.** Ahora aparecerá en la barra izquierda de *Teams* y podrás ver también su interfaz.

Abrir Viva Engage desde Teams

NOTA

Puedes descargar la aplicación en otros dispositivos, como en tu móvil, por ejemplo. Una vez que la descargas, simplemente debes identificarte con tu cuenta de *Microsoft 365* y empezar a usarla.

Una vez que has accedido a la aplicación y ya te has familiarizado brevemente con la interfaz, puedes participar en conversaciones, crear comunidades, usar historias, etc.

VÍDEO

Si quieres tener una vista general, tanto de su interfaz como de las funcionalidades que puedes realizar con ella, échale un vistazo a este vídeo. Accede desde aquí.

https://redirectoronline.com/adgg210602

4. Comunidades e Historias *(Storylines)*

👉 HILO CONDUCTOR

Almudena quiere interactuar con sus compañeros y quiere saber dónde debe hablar sobre cada tema, y si puede contar algunas cosas más personales.

Al igual que ocurría en otras herramientas que ya conoces, existen subdivisiones para organizar a los usuarios con cierto orden y sentido. En este caso, las comunidades son esos espacios donde los empleados se conectan y colaboran.

Estas comunidades pueden ser públicas o privadas y se suelen formar entre personas de un mismo departamento, de un mismo proyecto o con intereses comunes. Estos usuarios podrán comunicarse e intercambiar información de manera sencilla e intuitiva.

Si estas comunidades fomentan la colaboración en grupo, también *Viva Engage* cuenta con unos espacios para compartir experiencias a nivel personal, llamados **Historias, *Storylines* o Espacios propios.** En estos espacios personales, los usuarios comparten sus experiencias, reflexiones, iniciativas, logros, etc., en historias que pueden ser seguidas por otros usuarios y permiten conectar a un nivel más personal.

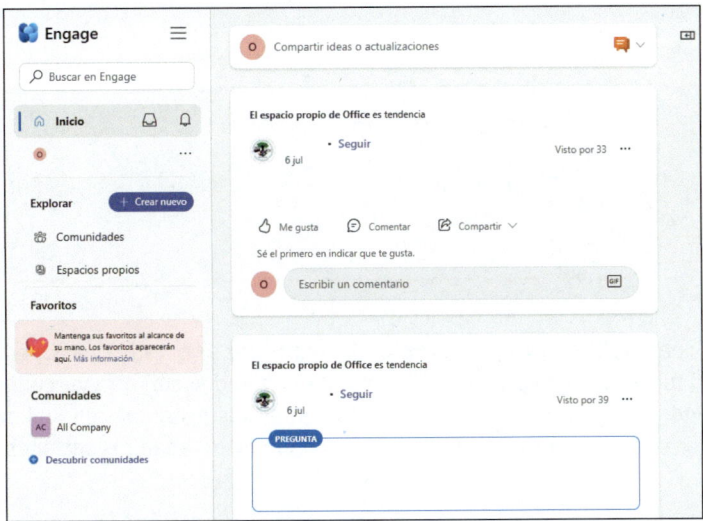

Interfaz de Viva Engage

ACTIVIDAD COMPLEMENTARIA

7. Imagina que trabajas en la agencia de viajes de Almudena, y que tienes que plantear posibles temas para los que crearías una comunidad y posibles temas que publicarías a título individual como una historia, relacionadas con la actividad de la empresa. ¿Cómo lo plantearías?

Para crear cualquiera de estas opciones, una vez dentro de la aplicación, escoge **Crear nueva → Comunidad** en el menú de la izquierda, y sigue las instrucciones del asistente para completar todos los datos. Además de un nombre y descripción, deberás añadir miembros y si quieres que sea pública o privada, como ya has hecho con más herramientas de otras aplicaciones anteriormente.

Si haces clic en **Crear Nueva → Publicar,** aparecerá una ventana donde podrás escribir la actualización que quieres compartir, con opciones de formato. Podrás elegir si quieres compartir de forma global con todos o con tu espacio propio, es decir, solo con tus seguidores.

Publicar en Historias o Espacio propio

 ## NOTA

Si haces clic en **Espacio propio,** podrás entrar a ver todas las novedades, como si fuera la página principal de alguna otra red social que ya conoces y usas. Podrás seguir a otros usuarios y comentar sus historias (al igual que también recibirás comentarios en las tuyas por su parte), añadir reacciones, etc.

 **TAREA 10**

Almudena ha hecho una escapada de fin de semana a una ruta de senderismo y cree que puede ser de utilidad para el resto de sus compañeros. Además, quiere compartir con ellos la satisfacción de haber hecho esa marca. ¿Cómo podría hacerlo?

- -

En la parte izquierda de la pantalla, también puedes encontrar más comunidades a las que seguir. Haz clic en **Descubrir comunidades** y aplica los filtros que aparecen en la parte superior para acotar tu búsqueda. Una vez que encuentres la comunidad a la que quieres unirte, haz clic en **Unirse** y accederás directamente si se trata de una comunidad pública, o cuando el administrador lo determine si se trata de una comunidad privada. Siempre puedes añadirla a favoritos (haciendo clic en el corazón que aparece junto a su nombre) para que aparezca en el listado la próxima vez y no tengas que repetir el proceso de búsqueda.

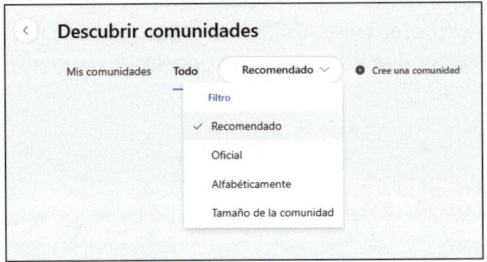

Descubre comunidades

5. Mejores prácticas con *Viva Engage*

👉 HILO CONDUCTOR

Almudena ya tiene una visión global de la aplicación, pero, como siempre, tiene algo de intranquilidad a la hora de empezar a utilizarla desde cero y quiere hacerlo de forma correcta, para lo cual quiere unas directrices de buenas prácticas.

Como en todas las aplicaciones descritas hasta el momento, parece intuitivo trabajar con ellas, pero hay que ser cuidadoso y hacerlo de la mejor forma posible, sobre todo porque se trabaja en equipo y todo debe ser accesible y entendible por todos. Algunas de las recomendaciones para el uso de *Viva Engage* son:

- ⊃ Completar el perfil para que otros usuarios puedan encontrarte y saber de ti para entablar comunicación.
- ⊃ Compartir información que sea relevante, útil e interesante para otros usuarios.
- ⊃ Fomentar la participación de otros usuarios.
- ⊃ Utilizar etiquetas para notificar a las personas que nombres o a quienes pueda resultarles interesante el contenido que se ha compartido.

SABÍAS QUE...

Pueden publicarse encuestas en esta red social empresarial. Utiliza esta herramienta para fomentar la participación de los usuarios, al tiempo que puedes recabar información sobre algún tema con las respuestas.

----

6. Resumen

Viva Engage se presenta como otra herramienta más de comunicación entre trabajadores o miembros de una empresa u organización. Esta red social empresarial, como podría llamarse, permite crear espacios de comunidad, organizados temáticamente y a los que pueden acceder todos o algunos usuarios.

De igual modo, también deja un espacio para lo personal, permitiendo que el individuo publique sus reflexiones, experiencias, etc. con el resto de los usuarios que, además, pueden interactuar con él.

Esta aplicación te será muy sencilla de usar, ya que es muy intuitiva con todo el conocimiento que ya tienes de otras aplicaciones de *Microsoft 365* en cuanto a estructura, interfaz o funcionamiento de las opciones de privacidad. Y también gracias a los conocimientos que tienes del uso de redes sociales, ya que se asemeja mucho a ellas en el tipo de contenido que se puede publicar y en la forma de dar *feedback* o interactuar con él.

Ejercicios de autoevaluación
Unidad de Aprendizaje 6

1. *Yammer* **ha cambiado su nombre a** *Viva Engage***...**

    a. ... porque se trata de una aplicación completamente distinta.
    b. ... como parte de una campaña de *marketing* de *Microsoft.*
    c. ... porque ha cambiado de dueño.
    d. ... por temas de derechos de autor.

2. ¿A cuál de los siguientes elementos se podría decir que se parece más *Viva Engage***?**

    a. Programa ofimático
    b. Chat
    c. Red social
    d. Servidor de correo electrónico

3. ¿Cómo se llaman las agrupaciones de personas que trabajan en un mismo proyecto?

    a. Equipo
    b. Grupo de trabajo
    c. Canal
    d. *Copilot*

4. ¿Cuál es la diferencia principal entre *Teams* **y** *Viva***?**

    a. No existe diferencia.
    b. *Viva* está más encaminada a la interacción social de los empleados.
    c. *Viva* está más encaminada a la comunicación de toda la empresa al mismo tiempo.
    d. Todas las opciones son incorrectas.

5. ¿Cómo se puede acceder a *Viva Engage***?**

    a. Desde la web de *Microsoft 365*
    b. A través de *Teams*

    c. Desde la aplicación descargada e instalada en el dispositivo móvil

    d. Todas las opciones son correctas.

6. Determina si la siguiente oración es verdadera o falsa: "Puedes contestar a las historias de otros usuarios".

    ■ Verdadero

    ■ Falso

7. ¿Qué herramienta de *Viva Engage* escogerías para un tema de interés general de todo un departamento, de actualidad, y sobre el que habría líneas de debate?

    a. Comunidad

    b. Historia

    c. No tendría sentido hablarlo en este espacio.

    d. No existe ninguna herramienta que se ajuste.

8. Determina si la siguiente oración es verdadera o falsa: "Puedes marcar una comunidad que te interese como favorita para poder seguirla de manera rápida desde tu panel de acceso".

    ■ Verdadero

    ■ Falso

9. Determina si la siguiente oración es verdadera o falsa: "No se recomienda completar mucho el perfil ni añadir muchos datos sobre ti en *Viva Engage*".

    ■ Verdadero

    ■ Falso

10. Determina si la siguiente oración es verdadera o falsa: "No existe ninguna manera de enlazar a personas concretas sobre las que quieras llamar la atención en una publicación".

    ■ Verdadero

    ■ Falso

Mejores prácticas con *Outlook*

Contenido

Objetivos

El objetivo general de esta Unidad de Aprendizaje es:

→ Capacitar al usuario de *Outlook* para ser más eficaz y productivo en el uso de la herramienta.

Los objetivos específicos de esta Unidad de Aprendizaje son:

→ Crear una regla.

→ Asignar categorías.

→ Aplicar seguimiento a los correos.

→ Automatizar tareas en el envío de correos.

1. Introducción

Probablemente ya conoces el gestor de correos de *Microsoft,* ya que lleva en funcionamiento muchísimo tiempo y muchísimas versiones. Es cierto que, al igual que el resto de las demás aplicaciones, sigue la tendencia de fomentar la productividad y la efectividad del usuario, ya sea en el entorno laboral, docente o incluso personal en este caso.

Una de las características principales, además de las funciones básicas de enviar y recibir correos, es la de combinar calendario, contactos, tareas e integración con otras aplicaciones. Aprovechar esta integración será, sin duda, una de las mejores prácticas que pueden hacerse con *Outlook 365* a nivel productivo.

En esta unidad, nos seguiremos basando en el caso de Almudena, que necesita saber un poco más sobre *Outlook 365* y sus posibilidades.

2. Mejores prácticas con *Outlook*

 HILO CONDUCTOR

Almudena ha utilizado *Outlook* anteriormente; de hecho, es el único gestor de correo que recuerda en sus puestos de trabajo. Piensa que, probablemente, el uso que ha hecho ha sido muy básico y que es probable que no haya sacado partido a todas sus herramientas o no haya conseguido ser ordenada y eficiente.

La productividad puede conseguirse de muchas formas, pero hay una que depende de nosotros: ser ordenados en *Outlook.* Existen algunas herramientas que pueden facilitar esta organización, de forma que seremos mucho más eficaces a la hora de archivar correos, volver a recuperarlos, automatizar algunas tareas, etc. Entre dichas herramientas, se encuentran:

◗ **Estructura de carpetas:** crea carpetas, además de las que vienen por defecto de Recibidos o Enviados. Asigna un nombre a esta carpeta que sea significativo y que puedas reconocer, y mueve los correos correspondientes, arrastrándolos a su interior.

- **Búsqueda:** escribe el término de búsqueda que quieras en la barra de búsqueda de la parte superior y te dará resultados que contengan dichos términos en alguno de sus campos.
- **Filtros:** aplica estos filtros para organizar y encontrar correos en tu bandeja de entrada y también en tus carpetas. Puedes filtrar por remitente, por asunto, por fecha, etc. Haz clic en **Ver → Panel de búsqueda** y elige el filtro que quieres aplicar.
- **Categorías:** puedes asignar una categoría a un correo eligiéndolo del desplegable de la barra superior. Con esta clasificación podrás tener los correos ordenados por temas y/o por urgencia; podrás incluso añadirlo en tus búsquedas para filtrar más fácilmente los resultados.
- **Calendarios:** puedes gestionar citas, eventos, reuniones y demás gracias al calendario. Además, puedes establecer alertas para que no se te pase nada.
- **Seguimiento:** esta herramienta permite marcar mensajes importantes o, simplemente, mensajes que quieres revisar más tarde, por ejemplo. Puedes marcar el seguimiento en el icono de la bandera de la barra superior.

 **APLICACIÓN PRÁCTICA**

Almudena necesita tener organizados los correos que recibe por temas. En principio, no quiere moverlos de la bandeja de entrada, sino poder distinguir a simple vista de qué departamento es cada uno. Para ello, debe escoger alguna de las herramientas para ordenar correos. Indica cuál es la más adecuada para sus necesidades.

Solución

Puede crear categorías por temas para esos correos. Esta opción permite asignar categorías (con colores o nombres de temas) en la propia bandeja de entrada.

Existe una herramienta que puedes automatizar y que te puede ayudar a ordenar la bandeja de correos recibidos de forma automática: es la creación de reglas. Puedes definir que reconozca un remitente o una palabra concreta en el asunto y que lo mueva a una carpeta concreta o incluso que lo elimine.

Puedes crear reglas y editarlas posteriormente para modificar algún pará-
metro o borrarlas. Haz clic con el botón derecho en un mensaje de correo
y escoge **Reglas → Crear regla.** Escoge la condición que quieres aplicar
para que esta regla se active (remitente, asunto, palabras clave) y complé-
talo. Indica qué debe hacer una vez que reconoce el condicionante anterior.
Ejecútala.

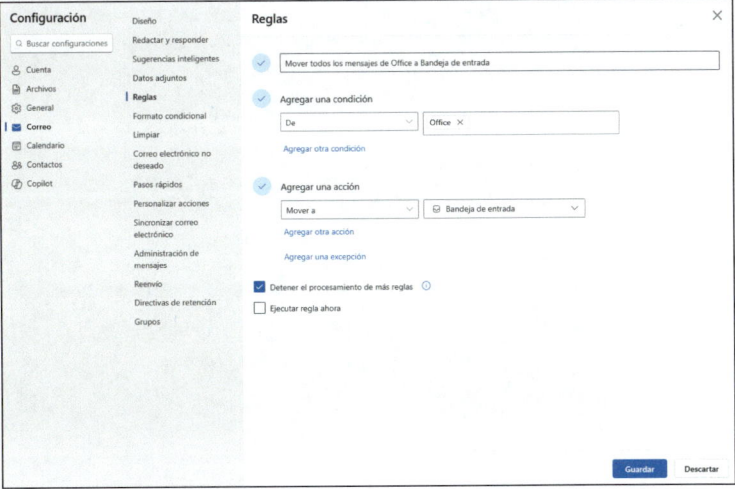

Configuración de reglas

 **TAREA 11**

Almudena necesita clasificar sus correos rápidamente. Hay algunos a los que
debe prestar atención al momento, pero hay otros que no requieren atención
urgente, como las novedades semanales que recibe desde su propia empresa.
Las recibe siempre con el mismo remitente novedades@agenciadeviajes.com,
y siempre con el mismo asunto: "Novedades semana 1", "Novedades semana
2", etc. ¿Cómo podrías ayudar a Almudena a almacenar directamente esos
mensajes en la carpeta llamada NOVEDADES que ha creado previamente?

2.1. Otras herramientas para automatizar tareas

Existen **otras acciones** que puedes automatizar y que te ayudarán a sacar más partido a *Outlook,* además de a dar una mejor visión a tus clientes o a personas con las que intercambias correos. Dichas acciones son:

> **Programar envíos de correo**
> - Puedes dejar trabajo adelantado y preparado, puedes adaptarte a las distintas franjas horarias o días laborales de las personas con las que te mandes correos, etc.

> **Configurar respuestas automáticas**
> - Puedes programar alguna respuesta a tus correos de forma automática, indicando que estás fuera de la oficina, que te pondrás en contacto pronto, que estás de vacaciones, que contacten con algún otro compañero, etc. De forma automática se responderá con este mensaje a quien te escriba en el intervalo de fechas que definas. Puedes elegir si es para personas de dentro o de fuera de la empresa, y también puedes escribir distintos mensajes para cada una de ellas.

Programar envíos es una de las tareas más útiles. Puede que trabajes fuera de hora o que quieras escribir a personas que están en otro huso horario y quieras adaptarte a su horario laboral. Para ello, deja programado un envío que podrás modificar en borradores antes de la fecha y hora del envío.

Programar envío de correos electrónicos

Puedes programarlo una vez que hayas redactado el correo (añadiendo asunto, texto, destinatarios o incluso adjuntando algún archivo si lo necesitas). Ve al desplegable del botón **Enviar** y escoge **Programar envío** en vez de **Enviar.** Rellena los datos que te piden en el desplegable (fecha y hora que te sugiere, o haz clic en **Tiempo personalizado** para definirlo), y haz clic en **Enviar** o **Programar.**

IMPORTANTE

Es fundamental que tengas el ordenador encendido y con conexión a internet para que se envíe correctamente.

VÍDEO

Puedes conocer algunos consejos más para mejorar la productividad en el uso de *Outlook* en el siguiente vídeo.

https://redirectoronline.com/adgg210701

ACTIVIDAD COMPLEMENTARIA

8. Ponte en la piel de Almudena y piensa en las situaciones en que puede ser útil programar correos en el día a día de la agencia de viaje.

2.2. Herramientas que mejoran la comunicación

Existen algunas herramientas que mejoran la comunicación con otros usuarios con los que intercambias correos. Una de ellas es la de añadir una firma al pie de tu correo de forma automática siempre.

Puedes definirla desde **Configuración → Cuenta → Firma.** Lo lógico es que esta contenga tu nombre, tu puesto, tu correo y un número de teléfono, por ejemplo. Pero se puede añadir el logo de la empresa o el texto que quieras. De esta forma, siempre que envíes o respondas un correo, ayudarás al interlocutor a saber quién eres y de qué otra manera puede contactar contigo.

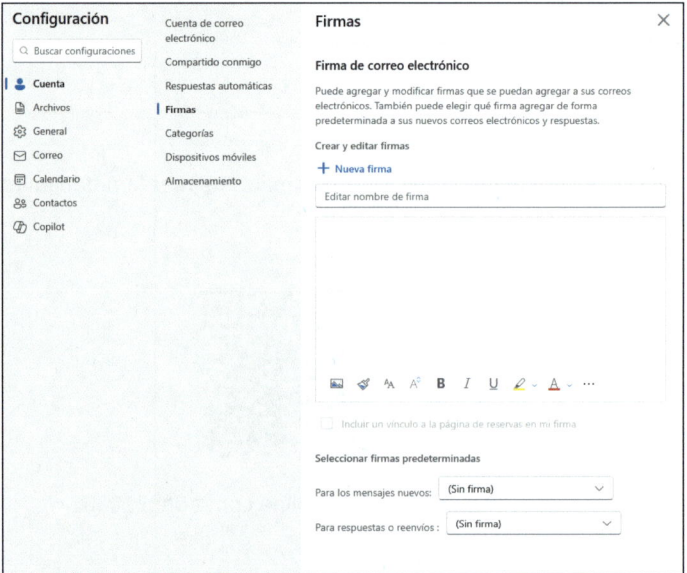

Configurar firma en tu correo electrónico

 **SABÍAS QUE...**

Puedes redactar un correo y añadir una mención a alguna persona para dirigirte a ella en una parte concreta del texto, para encargarle alguna tarea que debe hacer, o para preguntarle directamente algo. Esto es tan sencillo como escribir una "@" delante de su nombre. Deja que *Outlook* te lo autocomplete con el correo electrónico, ya que también se añadirá a la lista de los destinatarios si no lo habías incluido previamente.

Más allá de una serie de herramientas que nos permiten ser ordenados o automatizar tareas, o tener una comunicación más fluida, no debemos ignorar la buena práctica consistente en tener un trato cordial y un lenguaje correcto en nuestras comunicaciones. Es importante cuidar la redacción, la coherencia y la ortografía y no añadir elementos que puedan distraer del mensaje, como emoticonos o *GIF*.

 PARA SABER MÁS

En el siguiente artículo, podrás conocer algunas normas básicas a la hora de escribir buenos correos electrónicos. Accede desde aquí.

https://redirectoronline.com/adgg210702

2.3. Integración con otras aplicaciones

Como ya se ha comentado, *Outlook* puede integrarse con otras aplicaciones de *Microsoft 365* y conseguir una mejora productiva importante. Esta integración, como sabes, implica conectarse entre aplicaciones que comparten datos o complementan funciones, y así no duplicar o hacer trabajo repetitivo e innecesario, y minimizar posibles errores. Algunas de las aplicaciones más relevantes con las que se integra *Outlook* son:

- ⊃ **Word, Excel, PowerPoint:** puedes compartir documentos, hojas de cálculo y presentaciones directamente desde *Outlook,* lo cual es una ventaja para la colaboración.
- ⊃ **OneNote:** puedes guardar entre tus notas correos electrónicos para consultarlos más tarde, o porque tengan relación con algo.
- ⊃ **Teams:** puedes programar reuniones y comunicarte directamente con los contactos que ya tienes en *Outlook.*

- **OneDrive:** puedes enlazar archivos de gran tamaño que tienes almacenados en la nube y que no cabrían en un correo de otro modo.
- **Copilot:** aplica la inteligencia artificial para ayudar al usuario en la redacción de correos, ordenar la bandeja de entrada, buscar información entre los correos, etc.

3. Resumen

Seguramente has usado *Outlook* muchas veces y no has reparado en que siempre hay margen de mejora. *Microsoft 365* cuenta con herramientas mejoradas en *Outlook* que permiten aumentar la productividad del usuario.

Existen algunas herramientas encaminadas a automatizar algunas tareas que te ayudarán a ser ordenado o a dar respuesta siempre correctamente a todos los interlocutores, pero también existen otras simplemente para crear un sistema de orden y seguimiento de mensajes y tener siempre controlada la bandeja de entrada. Ayuda no tener muchísimos mensajes pendientes de leer y todos sin clasificar en la bandeja de entrada.

Remitente	Mensajes coherentes, con ortografía revisada, correctos y profesionales	Destinatarios

Es importante cuidar la forma en la que redactamos el correo o nos dirigimos al interlocutor, sobre todo si se trata de un entorno laboral, y también la forma en la que el receptor nos percibe, con una firma que nos identifique, con una redacción coherente, con menciones a determinadas personas, etc.

Por último, no debemos obviar que *Microsoft 365* aporta la característica de que puede integrarse con otras aplicaciones, lo cual aporta eficacia, ya que podemos utilizar los mismos contactos, podemos convocar reuniones, etc.

Ejercicios de autoevaluación
Unidad de Aprendizaje 7

1. ¿Con cuál de las siguientes herramientas se integra *Outlook?*

    a. *Word*
    b. *OneNote*
    c. *Teams*
    d. Todas las opciones son correctas.

2. ¿Qué herramienta de ordenación de correos usarías para mover correos de la bandeja de entrada y clasificar correos?

    a. Seguimiento
    b. Filtro
    c. Carpetas
    d. Categorías

3. ¿Cómo se llaman las respuestas que *Outlook* envía en tu nombre cuando estás de vacaciones?

    a. Respuestas automáticas
    b. Con IA
    c. Programadas
    d. Con filtros

4. ¿Cuál de los siguientes filtros puedes aplicar para buscar un correo en *Outlook?*

    a. Por remitente
    b. Por palabras contenidas en el asunto
    c. Por fecha
    d. Todas las opciones son correctas.

5. ¿Cómo se llama la herramienta que automáticamente clasifica en otra carpeta un correo que contenga las palabras "boletín de noticias", por ejemplo?

    a. Seguimiento
    b. Filtro

    c. Regla

    d. Categoría

6. **Determina si la siguiente oración es verdadera o falsa: "Puedes escribir un correo y que no se envíe hasta el día siguiente a la hora que tú quieras".**

    ■ Verdadero

    ■ Falso

7. **¿Cómo puedes mencionar a alguien dentro de un correo electrónico para responderle directamente a algo que te preguntó en un correo anterior donde hay muchas otras personas en copia?**

    a. Con una "@"

    b. Con un emoticono o algún otro elemento que llame la atención

    c. Escribiendo el texto en color, negrita y más grande de lo normal.

    d. No hay manera de hacerlo, deberás confiar en que lo lea completo.

8. **Determina si la siguiente oración es verdadera o falsa: "El mensaje que responda de forma automática cuando estás de vacaciones tiene que ser el mismo para tus compañeros que para tus clientes".**

    ■ Verdadero

    ■ Falso

9. **Determina si la siguiente oración es verdadera o falsa: "Puedes asignar un día y una hora exactos como vencimiento de fecha límite de hacer algo que te piden en un correo".**

    ■ Verdadero

    ■ Falso

10. **Determina si la siguiente oración es verdadera o falsa: "Puedes asig-nar una categoría a un correo de forma automática justo cuando lo recibas".**

    ■ Verdadero
    ■ Falso

Glosario

Aplicación de escritorio
Es la versión de las aplicaciones de *Microsoft 365* que puedes descargar e instalar de forma local en tu ordenador y que podrás sincronizar con la versión *online*.

Aplicación en línea
Es la versión de las aplicaciones de *Microsoft 365* a la que accedes desde la web de *Microsoft 365* y con la que usarás las aplicaciones de forma virtual. Podrás trabajar sin conexión descargando los documentos en tu equipo de forma local.

Autoguardado
Opción del guardado en la nube de *Microsoft 365* que se encarga de hacer guardados cada cierto tiempo para asegurar las últimas versiones.

Biblioteca de documentos
En *SharePoint,* es un espacio donde se almacenan, crean y comparten archivos con otros usuarios para trabajar de forma conjunta. Se puede acceder a ella desde cualquier sitio y cualquier dispositivo, como no puede ser de otro modo al tratarse de una aplicación de *Microsoft 365.*

Bot
Es un programa informático que realiza tareas automatizadas o repetitivas en internet, imitando el comportamiento humano. En una conversación de *Teams,* un *bot* funciona como una inteligencia artificial que responde a preguntas, busca información en la web o programa reuniones.

Canal
Subdivisión temática dentro de un equipo de trabajo en *Teams,* que permite independizar los distintos equipos de trabajo por proyectos para optimizar tiempos de trabajo.

Chat
Funcionalidad de *Teams* de mensajería instantánea con otros usuarios.

Copilot
Es el asistente de IA de *Microsoft 365,* que puede ayudar con las tareas automatizadas o con búsqueda de información.

Gestión documental
Son aquellas prácticas y servicios encaminados a gestionar de manera eficiente los documentos de una empresa establecer procedimientos, controlar la recepción, clasificar, ordenar, garantizar su seguridad, etc.

Historial de versiones
Permite ver los distintos cambios realizados por usuarios que trabajan de forma colaborativa en un mismo documento.

Integración
Es la conexión de diferentes aplicaciones de la *suite,* que permite mejorar aún más la productividad y la colaboración entre los usuarios.

Interfaz
La interfaz de usuario es la forma en la que se establece la comunicación entre el usuario y el equipo informático. Se compone de pantallas, ventanas, etc. La interfaz de un programa permite conocer su apariencia, además de saber a qué corresponde cada función.

Intranet
Red informática privada y segura dentro de una empresa u organización donde se comparte información, recursos, etc. Es como un internet interno de la empresa, al que solo accede personal que está autorizado.

Learning by doing
Traducido como "aprender haciendo", es una metodología de aprendizaje que consiste principalmente en la experiencia práctica del estudiante.

Nube
Almacenaje remoto, que no está en tu equipo de forma local.

Plantilla
Son archivos que puedes utilizar de base en los documentos que crees con distintos programas, que te permiten diseñar documentos con una estética profesional.

Presentar en línea

Aplicado a *PowerPoint,* se trata de hacer la presentación de forma remota, no presencial, por lo que los usuarios podrán asistir uniéndose mediante un enlace.

Sincronización

Acción por la cual los documentos se actualizan entre dos usuarios distintos, dos dispositivos distintos o dos versiones distintas (una creada *online* y la otra *offline).*

Suite de Microsoft 365

Es otra forma de llamar a un paquete de herramientas informáticas, en este caso creadas por *Microsoft,* que favorecen y mejoran la productividad laboral. Esta *suite* de *Microsoft* está formada, entre otras herramientas, por *Word, Excel, PowerPoint, Teams, OneNote, Outlook,* etc.

Videollamada

Funcionalidad por la que puedes realizar llamadas de audio y vídeo a través de tu equipo informático dentro de la *suite* de *Microsoft 365* gracias a *Teams.*

Bibliografía

Textos electrónicos

→ Guía básica de *SharePoint,* de:
<https://www.upm.es/sfs/Rectorado/Vicerrectorado%20de%20
Tecnologias%20de%20la%20Informacion%20y%20Servicios%20en%20Red/
Gabinete%20de%20Tele-Educacion/Perfil%20PDI/guia_basica_SharePoint.
pdf>.

> Breve guía de la Universidad Complutense de Madrid en la que se consolidan
> algunos conocimientos de la aplicación.

→ Guía rápida de *SharePoint.* La intranet móvil para compartir y administrar tus
contenidos, de:
<https://office365.difusiondvd.net/descargables/Guia%20Rapida%20
Sharepoint.pdf>.

> Una pequeña guía rápida desarrollada por el soporte técnico de Microsoft.

→ ¿Qué es y para qué sirve *Microsoft Office 365?,* de:
<https://blog.beservices.es/blog/que-es-para-que-sirve-microsoft-
office-365>.

> Artículo de un blog donde se puede ver el listado de todas las aplicaciones
> que componen la suite, las distintas opciones de planes de acceso y algunas
> de sus ventajas.

→ *Microsoft Outlook.* Guía detallada, de:
<https://cppm.es/wp-content/uploads/2022/07/04_Outlook_Guia-
Detallada_OWA_Acceso-web.pdf/>.

> Guía realizada por el Departamento de Informática del Ayuntamiento de
> Madrid, que resume los puntos básicos del uso de esta herramienta de una
> forma muy visual.

→ *Microsoft Teams.* Manual de uso, de:
<https://www.ucm.es/data/cont/media/www/faq/31/TutorialTEAMS_v2_0.pdf>.

Breve guía de la Universidad Complutense de Madrid en la que se consolidan algunos conocimientos de la aplicación.